Amina Aitsi-Selmi

A ARMADILHA DO SUCESSO

POR QUE AS PESSOAS PERMANECEM EM EMPREGOS QUE ODEIAM

TRADUÇÃO
UBK Publishing House

ubook UBK Publishing House

Publicado mediante acordo com a Kogan Page. Edição traduzida do livro *The Success Trap Why Good People Stay In Jobs They Don't Like And How To Break Free,* publicado por Kogan Page.

ubook UBK
Publishing House

COORDENAÇÃO Alessandra Brito
EDIÇÃO Fernanda Avelino
COPIDESQUE Christian Danniel
REVISÃO Diego Franco Gonçalves e Vivian Sbravatti
CAPA Clarissa Duarte
DIAGRAMAÇÃO Studio Oorka
IMAGEM DE CAPA Andreas Prott/Adobe Stock

Dados Internacionais de Catalogação na Publicação (CIP)
(Câmara Brasileira do Livro, SP, Brasil)

Aitsi-Selmi, Amina
A armadilha do sucesso : por que as pessoas permanecem em empregos que odeiam / Amina Aitsi-Selmi ; [tradução UBK Publishing House]. -- 1. ed. -- Rio de Janeiro : Ubook Editora, 2021.

Título original: The success trap: why good people stay in jobs they don't like and how to break free
ISBN 978-65-5875-581-4

1. Autoajuda 2. Autoconhecimento 3. Ambiente de trabalho - Administração 4. Empreendedorismo 5. Orientação vocacional 6. Profissões - Mudança I. Título.

21-69878 CDD-650.14

Ubook Editora S.A
Av. das Américas, 500, Bloco 12, Salas 303/304,
Barra da Tijuca, Rio de Janeiro/RJ.
Cep.: 22.640-100
Tel.: (21) 3570-8150

Dedico este livro a meus pais, a meu irmão e a todos os meus professores e apoiadores.

Sumário

Prefácio
TRÊS PERGUNTAS

Não posso dizer que já passei muito tempo em um trabalho do qual não gostava. Não é que não tenha havido altos e baixos, mas a vida parece ter sido gentil em me dar um senso de propósito e em me trazer as oportunidades certas. Por outro lado, tive motivos para explorar a relação entre o sucesso e a felicidade. Cheguei a concordar com os sábios que o sucesso e a felicidade são duas coisas diferentes. Embora possa haver um grau de sobreposição entre a definição geral de sucesso e o sentimento de conquista, o ponto alto do sucesso é, inevitavelmente, seguido por um ponto baixo se ele não for tratado com algum desapego e sabedoria.

A verdadeira felicidade, pelo contrário, parece ser acolhedora. Ela está disponível tanto para a pessoa mais rica quanto para a mais pobre, talvez mais para esta última, se seguirmos o provérbio bíblico: "É mais fácil um camelo passar pelo buraco da agulha do que um homem rico entrar no reino de Deus." A ideia de uma Armadilha do Sucesso — que nosso sucesso passado pode atrapalhar nosso sucesso futuro — pode muito bem ter respaldo bíblico, juntamente à crescente evidência científica e milhares de anos de sabedoria que apontam nossas mentes como a fonte da realidade que percebemos.

Assim, as identidades, crenças e mitos que involuntariamente internalizamos e que nos fizeram tão bem-sucedidos no passado começam a dificultar nosso retorno a uma felicidade mais profunda.

Minha carreira tomou uma direção diferente, ao menos para um observador externo, quando percebi que a montanha-russa do sucesso nunca termina, ao passo que a felicidade está sempre disponível. Da minha perspectiva, este livro é fruto de uma vida inteira de reflexão sobre a questão: "Como podemos sofrer menos e ser mais felizes?" Ele é guiado pela minha carreira na Medicina, na política de saúde, nas universidades e empresas, bem como por uma eterna paixão pela investigação filosófica e espiritual.

Uma das questões sociológicas e éticas centrais com que tenho lidado desde meus tempos de faculdade de Medicina e que me levou a me especializar em Saúde em geral é: "Quanta liberdade realmente temos?" "Se somos definidos por nosso ambiente e pelas condições prévias que nos levaram a nascer em circunstâncias particulares, até que ponto somos responsáveis por nossas escolhas de vida e, portanto, por nossa felicidade?"

Acredito que essas são perguntas para as quais cada um de nós deve buscar respostas, pois elas determinam a qualidade de nossa experiência de vida. Tendo procurado respostas em ambos os extremos do espectro — o nível individual (biológico e psicológico) com pacientes e clientes particulares, e as estruturas sociais em nível de políticas locais, nacionais e internacionais — descobri que uma mente que pode responder a essas perguntas (ou, no mínimo, ponderar sobre elas) funciona muito melhor e o seu dono é muito mais feliz.

Ao abandonar a tirania do sucesso, definida pelas expectativas externas em vez de uma sabedoria mais profunda, tanto em minha experiência pessoal quanto pelo trabalho com os clientes, fui levada a outra pergunta: "Como podemos ser verdadeiramente úteis?" Após passar vinte anos treinando e trabalhando no serviço público, a mudança para o setor privado como profissional independente pareceu um anátema para os valores com os quais eu fui criada. Como a preocupação em ganhar dinheiro pode permitir uma verdadeira oferta de ajuda? Certamente, isso afastaria qualquer motivação genuína, já que sempre haveria um motivo oculto?

Após alguns anos na jornada do empreendedorismo, cheguei à conclusão de que a preocupação com qualquer motivo pessoal, seja ele status, evolução ou dinheiro, sempre afastará um verdadeiro espírito generoso, haja vista que essa não é uma função do trabalho no setor público ou privado. Por outro lado, é uma função de nosso nível de consciência e de estarmos dispostos a participar da sociedade a partir de um posto de generosidade e boa vontade, não a partir do medo, da raiva, da escassez ou da limitação.

Minha intenção ao escrever este livro é fazer um convite a qualquer pessoa que se sinta presa ou encurralada em uma situação para se abrir a uma nova perspectiva, bem como liberar seu verdadeiro poder e essência. Assim como a música pode ser a linguagem da alma, escrever é uma forma de fazer música para a mente. Espero que este livro tanto eleve você quanto desafie seu pensamento; particularmente qualquer crença limitante que o impeça de contribuir de forma completa. Esta obra não pretende dar todas as respostas e oferece uma abordagem para descobrir o que está do outro lado de suas limitações.

Que você possa ter a liberdade e a felicidade, que são direitos inatos de todo ser humano, enquanto faz a diferença onde puder.

Introdução

Como saber quando deixar seu emprego ou mudar sua vida?

Certa vez, fiz uma sessão exploratória de coaching com um executivo de uma empresa de tecnologia. Ele havia planejado uma saída elegante e cuidadosa da vida corporativa, pois sentiu que era hora de algo novo, dado que ele nem mesmo se dava muito bem com a equipe executiva ou concordava com a estratégia corporativa deles. Todavia, ele teve dificuldade em pôr o plano em ação…

Eu lhe perguntei: "O que o está impedindo? Você pensou sobre isso por muito tempo e considerou todos os riscos. Você tem um grande plano para o que está por vir. Então, o que o está impedindo?"

Ele percebeu: *nada.*

Contudo, começou a hesitar de novo. Ele queria pensar um pouco mais. Sua mente começou a projetar todos os tipos de cenários catastróficos caso ele se demitisse. Eu podia senti-lo duvidar de si e um muro de medo se erguendo entre ele e seu grande sonho.

Poucos dias depois, sua empresa foi reestruturada e lhe foi oferecida uma saída inesperada. Ele me disse que aquilo foi um choque. Ele estava sem saber o que fazer a seguir.

Por que as pessoas permanecem em empregos dos quais não gostam?

Existem diferentes hipóteses sobre o porquê de as pessoas permanecerem em empregos que não gostam. Muitas delas resumem tal escolha a uma explicação materialista, na linha da sobrevivência; ou melhor, à sobrevivência de um estilo de vida que elas querem ou precisam manter (casa dos sonhos, escola particular, boas férias etc.). Às vezes, é evocado um motivo mais altruísta, como desejar dinheiro suficiente para satisfazer as necessidades da família e dos entes queridos, especialmente se elas próprias foram privadas disso na infância. "O dinheiro não é tudo, mas pode facilitar a vida e ser um meio de fazer o bem!" Soa familiar? Acho mais correto dizer que o dinheiro não é tudo, mas todos querem descobrir por si. Existem também explicações menos obviamente materialistas, como o desejo de ser respeitado e um certo status profissional. Os benefícios materiais podem ser menores, mas o reconhecimento intelectual ou profissional é muito maior. Os estereótipos destes são o cientista aeroespacial ou o neurocirurgião. De uma perspectiva evolucionária, é fácil ver porque podemos estar inclinados a querer estar no topo. É mais seguro permanecer lá em cima! As hierarquias sociais também parecem ter efeitos deletérios sobre a saúde, como descobri durante minha pesquisa de doutorado sobre a epidemia global de obesidade. Ser gordo em um ambiente onde a alimentação é sazonal ou escassa é uma forma de marcar seu status. Transponha essa mentalidade para uma era em que o sistema alimentar está inundado de alimentos baratos e de alta caloria e você terá uma epidemia de obesidade em suas mãos. Não são apenas nossos corpos que podem ser alimentados em excesso; também nossas mentes podem ser superestimuladas, resultando em uma ansiedade crônica, em um déficit de atenção e no burnout. Todavia, torna-se complicado ver o que está acontecendo quando a cultura e as pessoas ao seu redor reforçam as insalubres mensagens sobre trabalhar o máximo que puder e sobre o medo ficar de fora, denominado FOMO.[1]

Então é apenas dinheiro, status e segurança que estão mantendo as pessoas presas em empregos? Não necessariamente: alguns citam os aspectos socialmente positivos do trabalho, como afiliação, pertencimento e relacionamento. Assim, embora o trabalho em si possa não ser satisfatório, os aspectos sociais compensam isso... ou, pelo menos, o medo de sua perda e o subsequente isolamento atuam como um impedimento.

O trabalho é parte de nossa experiência humana. Nós nos engajamos em esforços criativos que produzem possibilidades de troca e colaboração, bem como estimulam mais criatividade; podemos trazer novas descobertas e criar maneiras de viver e experimentar a vida como humanos. Idealmente, tais esforços relacionados ao trabalho devem envolver nossa ludicidade, bem como nossa resiliência e capacidade de superar obstáculos. O trabalho pode realmente oferecer uma oportunidade de moldar o caráter e explorar o próprio potencial, caso tenhamos a sorte de encontrar o emprego, o chefe e o ambiente adequados.

No entanto, após treinar centenas de pessoas durante mais de mil horas em torno da questão do trabalho, propósito e realização, fui levada a concluir o seguinte: por que as pessoas permanecem em empregos dos quais não gostam? Por escolha própria.

Por que fazemos as escolhas que fazemos

Às vezes, as pessoas me perguntam qual é o meu método de coaching. Minha resposta é a seguinte: eu não tenho um método. Eu simplesmente tento entender o mundo em que a pessoa à minha frente está presa, como ela construiu uma visão do mundo que

---

1. FOMO, do inglês *Fear Of Missing Out* — medo de ficar de fora — refere-se a um distúrbio contemporâneo relacionado à compulsão de consultar redes sociais por temor de perder alguma atualização importante.

a aprisiona em sua situação atual e depois a ajudo a reencontrar a liberdade e a satisfação pessoal. Meus clientes exploram um poderoso senso de ação que vem de dentro, não de seus medos e desejos básicos.

Você já viu alguém tomar uma decisão e achou que aquilo não fazia o menor sentido? Bem, embora a decisão de uma pessoa possa não fazer sentido para você, ela faz total sentido para aquela outra pessoa, dentro da visão de mundo dela. Portanto, um processo de coaching transformacional focado em carreiras e liderança é uma espécie de investigação científica e uma subsequente correção de rumo com base nas descobertas. São examinados os vieses e erros no pensamento de uma pessoa e como ela pondera diferentes aspectos de sua experiência humana, assim como as percepções errôneas diagnosticadas, e são realinhadas quaisquer rupturas com a profundidade de seu potencial. O realinhamento do modo de pensar ou da visão do mundo de uma pessoa (o filtro mental pelo qual ela vê o mundo e toma decisões), em conjunto com a profundidade de seu potencial, cria uma sensação de liberdade e vitalidade. Assim, o coaching transformacional ajuda pessoas a ir além da prisão que elas podem ter construído, mesmo que sem querer, fazendo com que elas passem a questionar as suposições que acreditam ser reais. À medida que suas crenças se transformam, o mesmo acontece com suas vidas.

Esse tipo de correção de curso de vida geralmente requer duas coisas: uma profunda autoinvestigação e um diálogo com um ser humano sensível, que tenha ido mais longe do que nós. Pode ser doloroso para o ego, mas ter um pouco de humildade quando outros apontam erros em nosso raciocínio pode nos levar a aprender, desaprender e reaprender nossas suposições básicas. O coaching transformacional é um diálogo de alta qualidade que muda as perspectivas e abre os corações.

Depois de quase duas décadas trabalhando como médica, cuidando do bem-estar individual e da população enquanto dedicava a maior parte do meu tempo livre compreendendo as origens das doenças e do sofrimento e como impedi-los, cheguei à conclusão de que o filtro mental pelo qual vemos e experimentamos o mundo é a chave para evitar a Armadilha do Sucesso. Também descobri que existem três componentes indivisíveis para um filtro mental que promove o crescimento humano saudável em vez do estresse e da sensação de estar preso. Primeiro, a capacidade de nos conectar com nosso verdadeiro eu interior (consciência); segundo, a capacidade de fazer perguntas eficazes que permitam o autoexame da mente (investigação); terceiro, uma consciência do que está acontecendo em nosso corpo (energia). Voltaremos a essas capacidades com mais detalhes no Capítulo 6.

Essas três práticas têm uma base científica sólida, além de estarem enraizadas em milênios de prática contemplativa. A atenção plena (mindfulness) é a prática de trazer uma atenção amigável para o que quer que esteja acontecendo no momento. Você pode ter se deparado com a vertente de investigação identificada como "autorreflexão" e a vertente da energia como inteligência emocional ou práticas somáticas. Qualquer exercício que o torne mais consciente do que está acontecendo em seu corpo e de como isso pode estar ligado ao que acontece em sua mente expandirá seu nível de consciência. Em ambientes clínicos, foram feitas tentativas de combinar essas vertentes, por exemplo, a "terapia cognitivo-comportamental", que tem um forte componente autorreflexivo e que tem sido ainda mais reforçada com abordagens do mindfulness, a fim de criar modalidades de transformação, como a terapia cognitiva baseada na atenção plena.

Essa é uma ótima notícia. As abordagens de saúde mental estão convergindo para as perguntas consagradas pelo tempo: se não sou meu pensamento, então quem sou eu? Se meus pensamentos criam minha realidade, então como posso engajar meus pensamentos para criar uma realidade *melhor*? A maneira como vivemos essas perguntas (não apenas as entendendo intelectualmente, mas transformando os insights em ação) é uma forma de sair da prisão do estresse, da ansiedade e da apatia.

Como eu me libertei

Cada vez que dei um salto na minha vida a ponto de eventualmente abandonar algo conquistado, tive que me aprofundar usando as ferramentas que reuni no coaching, na atenção plena e na autoexploração profunda como parte de minha própria busca por respostas. Ao passar de médica hospitalar para conselheira de políticas e eventualmente para empresária, tive que, de alguma forma, me comprometer a permanecer calma, focada e criativa na forma como respondia aos desafios particulares e comuns à minha frente (como pagar as contas).

Nem sempre foi agradável ou fácil — às vezes minha alma parecia uma noite escura — mas toda vez que uma dificuldade era superada, uma mudança de mentalidade acontecia. Eu me sentia mais calma e mais esclarecida, e novas soluções surgiam conforme a necessidade.

Meu objetivo com este livro é ajudar você a entender por que fazemos as escolhas que fazemos e como podemos nos livrar dos medos que nos aprisionam em situações insatisfatórias para que, caso alguma vez se sinta preso, você saiba o que fazer para revelar seu próximo passo rumo ao desconhecido e seguir em frente.

Como usar este livro

O livro foi concebido para levá-lo a um mergulho transformacional como seu próprio programa de coaching pessoal. Começamos na Parte Um, com o contexto global no qual trabalhamos no século XXI. Também analisamos os tipos de identidades que tendem a ser recompensadas e bem-sucedidas, mesmo que entrem em conflito com a profundidade de seu potencial e sua verdadeira essência como humano (como a "síndrome do impostor"). Essa é a Armadilha do Sucesso.

Na Parte Dois, começamos a olhar para a mudança que ocorre quando deixamos de ser mecanicamente motivados por metas e passamos a ritmos de desempenho mais orgânicos e criativos, com o objetivo de explorar sua genialidade interior, bem como resolver problemas complexos em nível individual e coletivo. Você descobrirá ferramentas técnicas que ajudam a organizar seu espaço mental e permitem que novas perspectivas e soluções surjam naturalmente. É também aqui que você poderá praticar o questionamento de crenças limitantes que o retém, e, irá fazer isso com paciência e bondade para que possa arrancar o medo pelas raízes, desde sua origem, libertando, assim, sua energia e genialidade inata.

Na Parte Três, você terá uma boa ideia de como se libertar das estruturas internas que o prendem, bem como a sair de seus padrões habituais de pensamento ao se envolver com o mundo. Analisaremos algumas ferramentas para capturar insights, visão e valores, bem como para nos comunicarmos com maior presença e liderança. Exploraremos a transformação da incerteza em oportunidade, a mentalidade empreendedora como uma abordagem para sua carreira, e, finalmente, como organizações e líderes podem ajudar a construir uma cultura de trabalho mais saudável.

A única coisa exigida de você é uma mente aberta e a confiança de que há mais para você do que qualquer trabalho ou identidade.

PARTE UM

A Armadilha do Sucesso

Por que as pessoas permanecem em empregos que odeiam

CAPÍTULO 1

O desafio do trabalho no século XXI

O que há de errado com o mundo do trabalho hoje em dia? Devo começar com uma advertência: em muitos aspectos, tudo o que parece estar errado tem uma vantagem. Portanto, é certo que essa pergunta tem um problema. Mas, por uma questão de argumentação, tentaremos investigar o que chamaremos de males do mercado de trabalho do século XXI.

Reconheçamos a parte positiva. A comunidade global, reunida sob a bandeira das Nações Unidas em 2015, formulou suas aspirações por um futuro melhor para todos, de acordo com as Metas de Desenvolvimento Sustentável. Em uma análise do progresso de 2019, a avaliação do Secretário Geral das Nações Unidas sobre a meta oito (que visa "empregos decentes e produtividade econômica") foi que, apesar de a produtividade do trabalho ter aumentado e o desemprego voltado aos níveis anteriores à crise financeira, "a economia global está crescendo a um ritmo mais lento. É necessário mais progresso para aumentar as oportunidades de emprego, particularmente para os jovens, reduzir o emprego informal, além da disparidade salarial entre os gêneros, bem como promover ambientes de trabalho seguros e protegidos para criar um modelo de trabalho decente para todos" (UN, 2019).

O relatório Mundial da Felicidade, de 2019, mostra que os

padrões materiais de vida são os mais altos que já existiram, mas os níveis de felicidade não parecem estar à altura. Em países de alta renda, as estatísticas de saúde mental mostram níveis alarmantes de depressão e ansiedade. Na Europa, menos de 12 por cento das pessoas relatam estar engajadas com seu trabalho (HELLIWELL *et al.*, 2019). Em um relatório da *State of the Global Workplace*, a Gallup constatou que 85 por cento dos funcionários não estão engajados com o trabalho, o que representa uma perda de produtividade de sete trilhões de dólares. Os países ocidentais estavam entre os piores, com apenas cerca de dez por cento dos funcionários relatando que se sentem engajados com seu trabalho (GALLUP, 2017).

Naturalmente, pode haver problemas de medição aqui. Entretanto, informações sobre dezenas de milhares de indivíduos no Reino Unido, coletadas em diferentes momentos do dia por meio de um aplicativo para smartphone, forneceram milhões de bits de dados. Isso mostra que, em termos de bem-estar, o trabalho remunerado é classificado como inferior em comparação a qualquer uma das outras 39 atividades em que os indivíduos relataram estar engajados, com a exceção de estarem acamados (BRYSON; MACKERRON, 2017)!

Para uma visão mais específica das tendências em torno da satisfação no trabalho: entre os médicos britânicos, um em cada três clínicos gerais pensa em deixar seu trabalho nos próximos cinco anos (COOK, 2018).

O que está acontecendo?

O que há de errado com o mundo do trabalho hoje em dia?

Seria fácil preencher as páginas deste livro com análises econômicas das mudanças do mercado de trabalho nas últimas décadas e discutir fatores quantificáveis, como salários estagnados, aumento do custo de vida e o impacto disso sobre os indicadores de bem-estar. Se o fizéssemos, não seria surpreendente descobrir que o trabalho remunerado tem um impacto significativo na satisfação da vida e na felicidade em geral. É o que mostram as análises econômicas no Reino Unido, nos Estados Unidos e em outras partes do mundo (DE NEVE; WARD, 2017). De fato, o trabalho remunerado é uma parte central da vida de muitas pessoas. Elas passam uma parte considerável de suas horas do dia trabalhando em um emprego ou procurando emprego remunerado caso encontrem-se desempregadas.

Todavia, seria justo dizer que, embora a revolução científica e o crescimento do capitalismo tenham melhorado drasticamente nossa qualidade material e expectativa de vida, eles falharam no que diz respeito ao nosso bem-estar existencial. É aqui que uma análise social, filosófica e psicológica poderia aprofundar os elementos qualitativos, menos facilmente mensuráveis, do tecido social da sociedade moderna e nossa experiência humana de trabalho. Afinal, é como diz o seguinte aforismo: *nem tudo o que pode ser contado conta, e nem tudo o que conta pode ser contado.*

Embora seja um desafio ao considerarmos sua falta de mensurabilidade, ao explorar a experiência humana podemos conseguir ganhos reais em insights coletivos e individuais que podem mudar o curso de nossas vidas. Mas, primeiro, olharemos para o quadro global dentro do qual trabalhamos.

VUCA: Volatilidade, Incerteza, Complexidade e Ambiguidade

VUCA é um acrônimo que significa Volatilidade, Incerteza, Complexidade e Ambiguidade (*Volatility*, *Uncertainty*, *Complexity* e *Ambiguity*) e significa essencialmente: *Que $%&*@ tá acontecendo?!* O termo foi usado pela primeira vez em 1987 com base nas teorias de liderança da época. Hoje, enraizou-se em teorias e ideias relacionadas ao pensamento estratégico e à liderança nas organizações (BENNETT; LEMOINE, 2014). Também tem sido usado para descrever os desafios enfrentados por essas organizações; por exemplo, a disrupção que pode ocorrer a partir de novas tecnologias, mudanças políticas ou perigos naturais, tais como eventos climáticos extremos e doenças infecciosas.

Segue um exemplo de como o VUCA aparece nas organizações para as quais trabalhamos e também na vida cotidiana. Em 2011, a Tailândia sofreu uma das piores inundações de sua história. Tal evento paralisou importantes empresas manufatureiras. Na época, a indústria eletrônica global estava finalmente se recuperando de um grande terremoto no Japão, ocorrido no início do mesmo ano. A Tailândia servia como um centro de fabricação de eletrônicos para centenas de empresas ao redor do mundo, incluindo, na época, da líder mundial de fabricação de discos rígidos, sediado na Califórnia. Assim, as enchentes devastadoras tiveram um impacto global nas operações da empresa, inclusive na disponibilidade de dispositivos como notebooks. Em outras palavras, nosso mundo está tão interligado que a disponibilidade de notebooks e telas pode ser afetada pelo clima do outro lado do planeta. O impacto dos desastres não é mais local, isto é, estamos todos interconectados e vulneráveis ao impacto dos desastres onde quer que estejamos, mesmo que ele não ocorra em nosso próprio país ou região.

COMO O VUCA APARECE EM SUA VIDA PROFISSIONAL

Você pode ter um senso geral de decisões complexas em certos momentos de sua carreira. É importante lembrar que há muitos fatores além do seu controle, bem como saber que qualquer decisão envolve risco. Não é sua responsabilidade, e nem mesmo é possível descobrir a solução perfeita e infalível. Portanto, de certa forma, você pode relaxar e saber que o VUCA é inerente ao trabalho e às carreiras atuais. Como é o VUCA para você?

V = Volatilidade (Volatility): alta velocidade de mudança

Exemplo:

Em sua organização: o panorama dos stakeholders muda após um desastre ou uma crise política.

Em sua carreira: você inicia um projeto, mas ele é cancelado ou seu papel é subitamente minimizado.

U = Incerteza (Uncertainty): falta de previsibilidade

Exemplo:

Em sua organização: é lançado um novo produto ou política que atrapalha o futuro do seu setor.

Em sua carreira: durante anos, você se dedica a uma carreira que de repente parece se tornar um beco sem saída.

C = Complexidade (Complexity): falta de causa e efeito claros e multiplicidade de fatores influenciadores em qualquer situação

Exemplo:

Em sua organização: você atua internacionalmente e com múltiplas organizações, cada uma com sua própria cultura, regulamentos e objetivos.

Em sua carreira: você tem qualificações, treinamento e conexões, mas ainda assim não consegue chegar ao próximo nível ou ser promovido em um panorama político complicado.

A = Ambiguidade (Ambiguity): mesmo que haja uma corrente causal, ela pode ser mal interpretada

Exemplo:

Em sua organização: você expande sua missão ou mercado para incluir uma área ou público que não conhece bem.

Em sua carreira: você despende tempo e esforço desenvolvendo uma relação estratégica apenas para perceber que interpreta mal a política e as capacidades.

Inteligência artificial e disrupção tecnológica

Muito tem sido dito sobre o impacto radical que a inteligência artificial (IA) e a inovação tecnológica terão sobre a natureza do trabalho. Elon Musk prevê que os empregos serão obsoletos à medida que os robôs assumirem o controle e que dedicaremos nosso tempo ao lazer, bem como a atividades mais complexas e gratificantes — talvez aprendendo música ou apreciando as artes — enquanto recebemos um salário universal do governo (CLIFFORD, 2016).

Dependendo do tipo de trabalho que tem, quase metade do que você faz poderia ser automatizado. Um dia, você poderá dividir seu trabalho com um robô! Um relatório do Fórum Econômico Mundial de 2017, *The Inclusive Growth and Development Report*, expressou a preocupação de que os serviços públicos se tornassem o próximo Uber e utilizassem a gigantesca economia para empregar médicos locais e fornecer professores (WEF, 2017). Um relatório britânico publicado pela Reform, organização inglesa que atua em prol da melhoria de serviços públicos, propõe que os chatbots poderiam substituir até noventa por cento dos administradores da Whitehall, bem como dezenas de milhares nas cirurgias e consultas com clínicos gerais do Serviço Nacional do Reino Unido até 2030, economizando até quatro bilhões de libras esterlinas por ano (HITCHCOCK *et al.*, 2017).

A pesquisa da McKinsey, por outro lado, é mais otimista sobre nossa contribuição humana e aponta que não são as ocupações em si que serão automatizadas, mas certas atividades dentro delas (MCKINSEY & CO, 2017). Eles estimam que a tecnologia de hoje poderia automatizar 45 por cento das atividades em todas as ocupações, mas apenas cinco por cento dos cargos em si. Curiosamente, esses números atravessam a hierarquia da renda ocupacional, e os cozinheiros, faxineiros, jardineiros e cuidadores, que se baseiam em decisões intuitivas e empatia, estão mais protegidos da automação do que aqueles em cargos bem remunerados com muita análise sistemática de dados.

Em seu livro *A segunda era das máquinas* (2014), Erik Brynjolfsson e Andrew McAfee argumentam que estamos à beira da automação da maioria das tarefas cognitivas e que as máquinas movidas por software substituirão os seres humanos. Eles acreditam que as tecnologias digitais estão fazendo pela força cerebral humana o que a máquina a vapor fez pela força muscular humana no início da Revolução Industrial. Eles também identificam três áreas de habilidade nas quais nós, humanos, ainda somos muito superiores às máquinas:

1. Criatividade de ponta, que gera coisas como ideias inovadoras e grandiosas de negócios, descobertas científicas, romances que o prendem e assim por diante.
2. Destreza, mobilidade. É incrivelmente difícil conseguir que um robô sirva em um restaurante sem quebrar pratos e sem assustar os clientes. A detecção e a manipulação delicada são difíceis para os robôs.
3. Emoção, relações interpessoais, carinho, cuidado, treinamento, motivação, liderança.

Quer as previsões de Elon Musk se concretizem ou não, é provável que os empregos tenham um aspecto significativamente diferente nas próximas décadas. O que isso significa na prática, à medida que os funcionários evoluem com a disrupção das máquinas? Em quais habilidades, treinamento e oportunidades de carreira eles devem investir? A pesquisa da McKinsey & Co de 46 países conclui que todos os trabalhadores precisarão se adaptar à medida que os cargos evoluem ao lado de máquinas cada vez mais sofisticadas. Parece que uma estratégia razoável para os futuros trabalhadores será aprimorar as capacidades cognitivas de alto nível, incluindo habilidades sociais e emocionais; criatividade (atualmente a principal habilidade valorizada pelos empregadores (ANDERSON, 2020); e outras habilidades que são difíceis ou ainda impossíveis de automatizar na solução de problemas complexos do mundo VUCA (MCKINSEY & CO, 2017).

Seja lá como for o futuro, tais mudanças certamente nos forçam a reconsiderar a definição de trabalho e o que significa ser humano. Ao questionar a natureza de nossa experiência humana e as crenças coletivas e individualmente transmitidas a nós, podemos começar a nos adaptar às rápidas mudanças que estão acontecendo em nossa economia de trabalho, bem como além dela.

O fim das carreiras duradouras

Há oitenta mil horas em uma carreira. São quarenta anos × cinquenta semanas × quarenta horas e sem dúvida uma grande parte de sua vida (80000, 2019)! No século passado, esperava-se que uma carreira começasse com uma educação ou aprendizado em um campo relevante, que levasse a um emprego remunerado em uma determinada área ou empresa, geralmente até a aposentadoria. Hoje, a mudança de carreira é a norma em muitos lugares, inclusive no Reino Unido, e a maioria das pessoas muda de carreira pelo menos duas vezes (USBORNE, 2014). Em uma pesquisa realizada pela seguradora Scottish Widows, dois terços dos entrevistados com menos de trinta anos já fizeram uma mudança ou estavam planejando fazê-la, e isso foi em 2014, quando os efeitos da recessão de 2008 ainda estavam sendo sentidos. Compare esse número com os de pessoas com mais de setenta anos: apenas um terço mudou de carreira em algum momento (USBORNE, 2014).

Para muitos, mudar de carreira não significa acumular riqueza, mas tornar-se mais autossuficiente e satisfazer as aspirações. Não temos que satisfazer nossas necessidades de forma hierárquica (assegurar nossas necessidades materiais e depois nossas necessidades mais aspiracionais), pois podemos satisfazê-las em paralelo. Não "fazemos bem e depois fazemos o bem". Fazemos bem *enquanto* fazemos o bem. Isso torna as carreiras mais sustentáveis em uma época em que se espera que trabalhemos por muito mais tempo do que as gerações anteriores. Com carreiras mais longas e menos rígidas, há incerteza na mudança, mas também há oportunidade de satisfazer todas as aspirações profissionais (BARRETT, 2017).

AUTORREFLEXÃO — SUA CARREIRA

Se você passasse apenas um por cento de suas oitenta mil horas refletindo de forma estratégica e ponderada sobre seu trabalho e carreira, seriam oitocentas horas. Estou disposta a apostar que a maioria das pessoas não passou tanto tempo refletindo! Quanto tempo você dedicou a refletir sobre sua carreira e a tomar decisões? Talvez você tenha usado uma abordagem tradicional de discutir isso no café com um amigo, mentor ou no jantar com seu cônjuge. Permita-se algum tempo para fazer isso, talvez até mesmo sozinho em um lugar tranquilo. Você poderia considerar o seguinte:

- Você gosta do seu trabalho?
- O que exatamente você gosta nele?
- Essas coisas podem ser encontradas em outro lugar ou são específicas desse trabalho?
- O que você prioriza: segurança e remuneração ou significado e paixão?
- Se o dinheiro não fosse um objetivo, o que você faria?
- Se você tivesse totalmente realizado e soubesse todos os significados do mundo, de quanto precisaria para viver?

Nosso cérebro em um mundo incerto

Podemos pensar no cérebro humano como tendo duas partes-chave com modos de operação diferentes: 1) o cérebro mamífero-reptiliano, que é responsável por sobreviver, ter prazer e evitar a dor; e 2) o neocórtex, que é muito mais recente e capaz de raciocinar, planejar, executar tarefas complexas e ter empatia.

O cérebro mamífero-reptiliano é muito mais antigo em termos de história evolutiva e, como observaram os neurocientistas, ele tem muito mais poder para influenciar seu comportamento. Isso porque ele desencadeia respostas fisiológicas poderosas, que podem se cristalizar em emoções específicas, como raiva ou desejo. Permanecer ativadas quando o cérebro mamífero-reptiliano assume o controle é muito difícil para as capacidades mais sofisticadas e sutis do neocórtex (raciocínio, empatia, criatividade).

Caso você trabalhe com uma cultura de trabalho desafiadora (competição excessiva e agressão), você se sentirá justificadamente ameaçado. A combinação de nossa evolução humana natural com esses fatores resulta na sensação de estar constantemente no limite, sempre com o risco eminente de burnout. Analisaremos mais detalhadamente a cultura de trabalho e o burnout nos próximos dois capítulos. Na Parte Dois, exploraremos como podemos usar nossos superpoderes de consciência humana usando ferramentas de coaching para romper a sensação de "estar no limite" e recuperar nossas otimizadas e sábias habilidades de tomada de decisão.

Incerteza como oportunidade de reinvenção

Agora que analisamos um pouco do que está errado — o que está *certo* com o mundo do trabalho de hoje? As eficiências permitidas pelo sistema econômico dominante — o capitalismo — poderiam beneficiar a todos, especialmente em conjunto com os controles e equilíbrios das estruturas éticas e regulamentares apropriadas. E sabemos que estas funcionam quando são aplicadas. A Escandinávia, embora tenha seus próprios desafios, é o modelo muitas vezes citado de uma democracia social capitalista ideal, com seu alto padrão de vida e igualitarismo.

A característica que define o sistema globalizado em que trabalhamos é a expansão do leque de oportunidades disponíveis. A morte do modelo de "carreira duradoura" abriu caminho para o aumento da popularidade de fenômenos relativamente novos, como as startups tecnológicas (a Apple e a Microsoft estão entre seus unicórnios de sucesso); e o estilo de vida digital nômade, no qual o espírito empreendedor e a disposição de ser geograficamente móvel podem levar a experiências de carreira empolgantes e diversificadas. Entretanto, essas oportunidades não são igualmente distribuídas e, atualmente, muitas pessoas têm dificuldade para encontrar empregos decentes, treinamentos ou apoio à tomada de decisões (que dirá ter oitocentas horas de autorreflexão) para ajudá-las a se orientar no complexo mercado de trabalho do século XXI. Mesmo para aqueles que têm acesso a essas oportunidades, pode haver outras barreiras (externas e internas) que os impedem de agarrá-las com as duas mãos.

Obstáculos à mudança de carreira: as razões por trás das razões

Em um mundo VUCA, pode-se citar inúmeras razões para permanecer em um emprego que não se gosta ou em que não se encontra satisfeito: a economia, a mudança política, um mercado de empregadores, hipotecas e taxas escolares que não se pagam sozinhas etc. Embora o tempo e as considerações materiais sejam fatores muito legítimos na tomada de decisões de carreira, geralmente há uma razão mais profunda para permanecer em um emprego. Tal razão, em minha experiência, é frequentemente relacionada a um intenso *medo de mudança* ou uma aversão à incerteza. Tendo passado milhares de horas oferecendo coaching transformacional a algumas das pessoas mais brilhantes do mundo, desenvolvi alguma compreensão do que estimula o profissional do século XXI. Por meio de perguntas bem profundas, as quais exploravam suas aspirações e medos em torno do trabalho e da vida, percebi o seguinte: a escolha de cada pessoa fazia sentido quando se analisava suas razões para fazê-la. É o mundo que essas pessoas construíram, e as escolhas delas faziam sentido dentro dele.

Segue um exemplo: digamos que alguém reclame que está infeliz no trabalho e que está pronto para uma mudança. No entanto, essa pessoa simplesmente não toma nenhuma atitude. Ela tem algumas razões muito válidas e lógicas para sua inação: a hipoteca, as mensalidades escolares, o tempo, a economia etc. Entretanto, existem soluções estratégicas para cada uma dessas preocupações práticas. Portanto, suas ações (ou inação) parecem incongruentes com sua intenção declarada. O indivíduo quer mudanças, mas não faz nada a respeito disso. Portanto, acaba se vendo preso em um lugar difícil. O que está acontecendo?

Considere um amigo meu, o executivo da empresa de tecnologia que conhecemos na introdução deste livro. Ele tinha um belo plano de saída para deixar seu emprego corporativo que ele sentia que sugava sua alma: mas, por alguma razão desconhecida, ele simplesmente não conseguia apertar o botão "ir embora". Ele me explicou que talvez pudesse fazer mais para ajudar sua empresa e que, caso esperasse, novas oportunidades poderiam surgir para fazer algo mais interessante... Eventualmente, depois que a empresa lhe ofereceu uma generosa compensação de saída, todas essas "razões" foram esquecidas. Tornou-se óbvio que o que *realmente* o estava impedindo era o medo da mudança e aversão ao desconhecido. Todavia, ele teve um resultado feliz, tanto que me escreveu um mês depois para dizer que não podia acreditar como a vida era boa do outro lado, viajando e passando mais tempo com a família!

A ideia de que nossos pensamentos conscientes são orientados por motivadores ocultos não é nova. Freud é famoso por trazer impulsos inconscientes para a Psicologia e identificar a compulsão à repetição como o hábito mental que nos mantém presos em velhos padrões de pensamento e comportamento. A antiga Filosofia grega e as tradições da sabedoria oriental exploraram meticulosamente a psique humana e seus contornos há mais de dois mil anos. As filosofias estoica e budista podem estar envoltas em diferentes idiossincrasias culturais e usar diferentes metodologias de investigação, mas parecem ter chegado a conclusões semelhantes sobre a condição humana. O que podemos aprender com essas diferentes escolas de pensamento e filosofia é o seguinte:

1. A vida pode ser bastante incerta, sendo a mudança a única certeza. Mas há maneiras de se relacionar com a incerteza que permitem nosso crescimento em vez do aprisionamento.
2. Compreender como nossa mente funciona, trazendo maior consciência para a fonte de nossos pensamentos e sentimentos, permite uma profunda resiliência e nos dá respostas criativas para quaisquer circunstâncias que enfrentemos.

Essencialmente, a vida é incerta e podemos nos envolver com ela de forma mais saudável por meio de uma melhor autocompreensão.

A ilusão de segurança e a Armadilha do Sucesso

Podemos pensar na Armadilha do Sucesso como materialista: em que ter um estilo de vida e responsabilidades particulares (o aluguel e o custo das férias, por exemplo) o mantém em um emprego do qual você não gosta muito. Embora o aspecto material possa ser um fator, o aspecto psicológico é igualmente importante: é aqui que a intervenção é possível para nos ajudar a nos libertar da armadilha. Seguem três componentes psicológicos da Armadilha do Sucesso:

- o reflexo de controle e apego às expectativas antigas;
- evitar incertezas para preservar ganhos passados;
- buscar segurança nos lugares errados.

Vamos desenvolvê-los um pouco mais.

O reflexo de controle e apego às expectativas antigas

Os aspectos psicológicos da Armadilha do Sucesso são uma espécie de ilusão: pensamos que, controlando a incerteza, estaremos seguros. Por exemplo, diante de uma escolha de carreira, podemos acreditar que, conseguindo a educação, treinamento ou qualificações corretas e o emprego certo, estaremos preparados. Como vimos neste capítulo, essa expectativa simplesmente não é realista no mundo de hoje. Recusar-se a reservar tempo e espaço para examinar nossa relação com o incerto com curiosidade e compaixão nos mantém em um reflexo de controle que nos aprisiona em um estado de insatisfação. Estamos apegados a como as coisas *deveriam ser* ou queremos que elas voltem a ser como *eram no passado* ou como *eram para nossos pais e gerações anteriores.*

O pensamento da Armadilha do Sucesso inclui as seguintes expectativas:

- empregos seguros;
- caminhos de carreira claros;
- promoção ou remuneração garantida;
- pequenas equipes gerenciáveis;
- atribuições dos gestores e líderes claras;
- uma pensão.

Evitar incertezas para preservar ganhos passados

Se você tem mais de trinta anos e passou uma década em uma determinada carreira ou estilo de vida, pode ter chegado a um ponto em que sente que tem muito a perder. Você se lembra de uma época em que costumava ser livre e destemido. Você se lembra que era muito mais feliz na época. Mas agora tem muito a perder, então permanece em um emprego que não lhe inspira mais. Essa é a falácia do custo irrecuperável e é o que o mantém em um beco sem saída, porque você já investiu muito.

Buscar segurança nos lugares errados

Você já recebeu conselhos afetivos e já lhe disseram para parar de procurar o amor, especialmente nos lugares errados? Bem, há algo equivalente na carreira, quando se busca segurança em todos os lugares errados. Embora possamos trabalhar coletivamente para criar sistemas econômicos e sociais, bem como culturas de trabalho que promovam um senso de segurança e de pertencimento, a verdade é que ainda não chegamos lá. Mas isso não significa que você tenha que enfrentar dificuldades ou ficar preso em um emprego desgastante ou pouco satisfatório. Outras pessoas correram riscos e permaneceram de pé.

ESTUDO DE CASO — Um ponto de virada na carreira

Um homem de quarenta e poucos anos vem vê-lo em seu escritório. Ele trabalha como advogado, mas é realmente apaixonado por política. Ele tentou abrir um negócio, mas não deu certo e depois tentou concorrer a um cargo político, mas penou para ser eleito. Ele tem um talento para inspirar as pessoas, mas foi-lhe dito que não tem a educação correta, dinheiro ou conexões poderosas para um cargo político. Ele gosta de seu trabalho como advogado e é conhecido por sua honestidade e habilidade, porém se questiona se deveria dar uma nova oportunidade à política.

Você descobriu que ele nasceu em uma família modesta e é em grande parte autodidata. Seu pai era agricultor e carpinteiro. Sua mãe morreu quando ele tinha nove anos, e ele foi criado por sua irmã, que morreu quando ele tinha 19 anos. Ele se apaixonou, mas sua amada também morreu. Ele se casou e teve três filhos, um dos quais morreu recentemente. Sua esposa reclama que ele nunca está em casa e não tem tempo para seus outros filhos. Ele se sente um pouco triste e não sabe o que fazer com sua carreira. Ele deve se ater à segurança do Direito ou ir em busca de sua paixão pela mudança social?

O que você diz?

O pensamento da Armadilha do Sucesso poderia dizer que esse homem provavelmente deveria permanecer no Direito, que sua inquietação é resultado de seu recente luto e que seguir outra carreira agora é muito arriscado para a felicidade de sua família. Porém, você ficaria surpreso ao saber que esta é a descrição real do presidente dos EUA, Abraham Lincoln?

Abraham Lincoln liderou os Estados Unidos em alguns de seus tempos mais incertos, incluindo a Guerra Civil Americana. Credita-se a ele a preservação da unidade do país, pois aboliu a escravidão e modernizou a economia dos Estados Unidos. Entretanto, antes de tudo isso, no início da década de 1850, ele havia se estabelecido no Direito, e se desvinculou, mais ou menos, de sua paixão pela mudança política.

A seguir, analisaremos mais detalhadamente o contexto cultural da Armadilha do Sucesso.

CAPÍTULO 2

Os ingredientes de uma crise de carreira

Crises de carreira são bastante comuns, pelo menos nos países ocidentais (ROBINSON; WRIGHT, 2013). De acordo com as grandes pesquisas econômicas, a maioria das pessoas no Ocidente terá uma crise significativa no trabalho e na vida, por volta dos trinta anos. Já por volta dos cinquenta anos, um declínio recorrente de satisfação no trabalho parece ocorrer e atingir as pessoas, mas tal satisfação começa a se elevar de novo depois desse período, situação representada em forma de "U" (SCHWANDT, 2015). Pesquisas com mais de quinhentos mil norte-americanos e europeus ocidentais mostraram um padrão paralelo em termos de felicidade e bem-estar: um declínio por volta dos trinta anos, atingindo o fundo em torno dos cinquenta anos e depois subindo de novo (BLANCHFLOWER; OSWALD, 2008). Curiosamente, esse padrão esteve presente em países de alta, baixa e média renda e não se distinguiu por nível socioeconômico, pois afetou trabalhadores de colarinho branco, trabalhadores braçais, casados e solteiros.

Não está claro qual vem primeiro (a crise de vida ou a crise de carreira), mas a boa notícia é que, se você estiver passando por uma crise em sua carreira ou em sua vida, é provável que ela melhore constantemente após seus cinquenta anos. Por outro lado, esperar e observar pode não ser muito atrativo, particularmente se você souber que pode alterar o curso da crise e transformá-la em uma oportunidade.

Crise ou oportunidade

Agora entendemos mais do que nunca como funciona a mente e o cérebro, por isso uma abordagem de "esperar para ver" parece um pouco fraca e fatalista! O papel das abordagens psicológicas integradas na incorporação da mente e de outras ferramentas somáticas e de reflexão em nossas vidas, bem como buscar uma ação capaz de melhorar as circunstâncias da vida, do trabalho e dos relacionamentos, não pode ser ignorada. Se alguém está começando a sentir um desalinhamento entre sua carreira e seus valores, a resposta saudável seria reservar tempo e espaço e usar as ferramentas e habilidades apropriadas para examinar esse desalinhamento. A crise de carreira torna-se então uma oportunidade de reavaliar seus critérios para a tomada de decisões, suas prioridades, seus valores e de fazer uma avaliação ponderada de futuras oportunidades.

Entretanto, esse tipo de intervenção não é oferecido com frequência, exceto em organizações onde existe uma cultura de treinamento e uma vontade de investir nos funcionários. Outras organizações deixam os indivíduos à sua própria sorte. Do ponto de vista médico, reter uma intervenção disponível é algo antiético e potencialmente criminoso. No entanto, isso é o que ocorre em muitos ambientes de trabalho e organizações hoje em dia.

ESTUDO DE CASO — Xena

Xena era uma médica extremamente competente, especializada em política de saúde e pesquisa de grande porte. Ela trabalhou por vários anos com o governo e com uma série de organizações nacionais e internacionais. Tudo indicava que ela era uma profissional realizada e focada no serviço, e que possuía um futuro brilhante à sua frente. Ela estava fazendo o trabalho que havia sonhado anos antes. Todavia, estava começando a sentir um desalinhamento entre sua necessidade de autonomia e criatividade e a cultura mais regrada e hierárquica ao seu redor. Ela também começava a duvidar de si mesma e se perguntava se sua contribuição era valiosa. Havia uma sensação de que ela poderia estar perdendo algo. Será que ela precisava trabalhar mais ou receber mais treinamentos de liderança e habilidades de comunicação? Será que era hora de olhar para uma nova direção? Havia uma maneira de ascender profissionalmente com integridade para que ela não comprometesse seus valores na competição por mais cargos seniores? Como ela poderia sequer começar a descobrir as respostas a tais perguntas, que são tanto pessoais, quanto éticas?

Por que as crises de carreira ocorrem?

A situação de Xena não é incomum. Mas a nível individual, as causas nem sempre são claras de imediato. Por que uma carreira e uma vida para a qual ela se dedicou por décadas de repente pareciam vazias e desgastadas? Por que isso tende a acontecer por volta dos trinta anos? Qual é a relação com o ambiente de trabalho e por que as coisas melhoram espontaneamente em torno dos cinquenta anos?

Fora do contexto de trabalho do mundo VUCA no século XXI, que examinamos no primeiro capítulo, foi sugerido que as etapas da vida podem ser um fator. Em outras palavras, em meados dos trinta anos, as esperanças frustradas e a sensação de que nunca exploraremos plenamente nosso potencial é um fator de insatisfação, enquanto que em meados dos cinquenta anos, contemplar a mortalidade leva a uma reconciliação com a realidade e um desejo de aproveitar ao máximo a vida (SCHWANDT,

2015). Outra possibilidade é que, em meados dos trinta anos, há uma interseção perfeita entre a carreira acumulada, o capital vital e a energia criativa da vida. Por exemplo, embora possa parecer que o início dos vinte anos seja o melhor momento para abrir um negócio, os dados sugerem que pessoas com mais de 35 anos têm mais probabilidade de abrir um negócio e ter sucesso porque tiveram tempo para esclarecer seus valores e missão, além de ter uma carreira melhor e um capital financeiro para abrir o negócio (GALLO, 2018). Outras razões incluem:

- Pessoais: podemos chegar a um ponto em que nossos valores e preferências mudam. Talvez você comece uma família e queira reduzir os incansáveis compromissos de trabalho ou sinta que é hora de escrever um livro e ter mais tempo atuando em um trabalho de consultoria mais flexível.
- Sociais: as carreiras duradouras estão terminando. Portanto, é natural que se chegue a um ponto onde se inicia uma mudança. Os trabalhos em que começamos podem não ser mais relevantes ou significativos, por exemplo, se um algoritmo ou máquina for capaz de ter um desempenho melhor e mais seguro do que um cérebro humano e as qualidades que nos tornam exclusivamente humanos forem mais bem utilizadas em outro lugar.
- Universais: os seres humanos vivem por muito mais tempo, portanto temos tempo para evoluir e expressar mais nossas capacidades e dons. Em comparação com nossos ancestrais, podemos viver duas ou três vidas, e a mudança facilita a evolução de nossa espécie!

O lado positivo de uma crise de carreira é que, muitas vezes, quando superado o choque de nossas reais limitações (envelhecimento, doença e morte), podemos descobrir uma motivação para nos livrar de todas essas limitações autoimpostas e psicológicas.

Em outras palavras, trata-se de um evento normal e saudável na vida. Embora uma crise de carreira tenha um lado positivo, vale a pena reconhecer por um momento seus aspectos mais obscuros, especialmente à luz das cargas de trabalho cada vez mais complexas e pesadas do mundo VUCA.

Burnout

Não há uma definição universalmente aceita de burnout (KORCZAK; HUBER, 2012). Entretanto, foram feitas ligações entre burnout e sentimentos de aprisionamento. Em teoria, o aprisionamento ocorre quando as pessoas se sentem enclausuradas em seu trabalho ou menos atraídas pelo que fazem todos os dias, mas acreditam que precisam permanecer porque:

- percebem uma falta de alternativas atraentes;
- acreditam ter investido demais para desistir;
- pensam que outros esperam que elas permaneçam (RAEDEKE *et al.*, 2000).

Quando exercia Medicina, eu estava bem ciente do efeito que diagnósticos de "burnout" tinham sobre os pacientes. Pelo lado positivo, eles tinham um nome para seus sintomas e a incerteza em torno da doença era um pouco mais fácil de suportar. Do lado negativo, isso criava uma identidade na forma de uma pessoa que se encaixa no "papel do paciente". Rótulos podem ter um efeito poderoso, mesmo que sejam apenas um conceito ou nome que alguém deu a um conjunto de sintomas. Esse rótulo cria um risco de manter a pessoa vitimada e fomentar sentimentos de impotência que a privam de seus recursos internos para se recuperar da "doença". Pode ser que apareçam soluções sugestivas em toda a sabedoria interior da pessoa.

Para o propósito deste livro, definiremos "burnout" como resultado de uma crise (de carreira) que tem sido ignorada. Em outras palavras, é o resultado de ignorar os sinais internos ou sua própria intuição lhe dizendo que você precisa dar um passo atrás e reavaliar sua situação. Embora o burnout esteja frequentemente associado à ideia de trabalhar demais, é também o resultado de trabalhar na atividade errada. Pode não se tratar apenas de exagerar; pode ser que você esteja trabalhando de uma maneira ou em um trabalho que não é ideal para você (MAYO CLINIC, 2018).

A verdade sobre o burnout

Em todos os casos, os processos de trabalho — os meios pelos quais transformamos a energia humana em coisas ou produtos — são mais rápidos e eficientes hoje do que jamais foram. Vimos isso no Capítulo 1. Os sociólogos criaram o termo "Quarta Revolução Industrial". O uso do vapor, da eletricidade, da automação e agora da tecnologia digital, entre os séculos XIX e XXI, transformou radicalmente a forma como o trabalho humano é utilizado e como as coisas são produzidas (SCHWAB, 2016). A velocidade dos avanços atuais não tem precedentes históricos. De uma perspectiva individual, somos pressionados a nos adaptar (uma espécie de seleção natural), performar e produzir, muitas vezes com menos recursos (financeiros e psicológicos) do que as gerações anteriores, pois os orçamentos são apertados, ninguém tem tempo e as fontes de orientação são poucas.

Uma das vantagens da velocidade, de uma perspectiva econômica, é que hoje somos mais eficientes na transformação de um quilojoule de energia humana em um produto que pode ser trocado.

O que há de errado com isso?

Nada, a menos que analisemos o impacto em nossa relação com o cliente:

- nós mesmos (na maneira como nos vemos como seres humanos tanto em identidade quanto em essência);

- um ao outro (as relações que compõem o tecido social em que estamos inseridos);
- nosso meio ambiente (na forma como nos relacionamos — ou exploramos — com a natureza).

Tais processos rápidos e eficientes parecem nos distanciar de nossa criatividade e nossa capacidade de nos relacionarmos profundamente com objetos e pessoas. Eles parecem nos distanciar da natureza, a fonte de tudo, e do tecido social mais profundo. Em virtude da velocidade crescente do trabalho no mundo VUCA, nossas capacidades de processamento cognitivo parecem estar cada vez mais sobrecarregadas, nossa atenção, dividida e nossa energia, dispersa. Isso torna difícil ter uma experiência holística de vida: se estamos sobrecarregados e dispersos, é muito mais difícil nos sentirmos completos.

Assim, apesar do burnout se referir a um fenômeno individual para o qual precisamos de soluções individuais, a verdade é que ele está intimamente ligado a fenômenos mais abrangentes e sistêmicos que estão fora do controle de qualquer indivíduo. O único fator sobre o qual temos controle é como escolhemos interagir com o sistema.

Devido ao papel do contexto geral, alguns psicólogos questionam se o termo "burnout" é na verdade uma denominação equivocada. Em vez disso, argumenta-se que ele é o resultado de compromissos repetidos e insustentáveis, os quais se baseiam em valores profundamente defendidos, tais como justiça, bem-estar ou compaixão. Portanto, se uma pessoa se encontra em uma situação em que é forçada ao compromisso repetido e insustentável de seus valores — como ela vê a si mesma, aos outros e ao mundo — então o que chamamos de "burnout" não é uma falha ou problema individual. É algo feito a você, não por você; assim, para alguns, o "burnout" é classificado como "dano moral" (NORMAN; MAGUEN, 2020). Logo, se tal condição é redefinida como um problema sistêmico, ela requer uma solução sistêmica. Entretanto, o que fazemos em nível individual tem seu efeito transmitido em ondas.

Por que é difícil impedir o burnout?

Embora uma ocorrência de burnout ou exaustão seja inconfundível, o desenvolvimento pode ser insidioso, especialmente para pessoas desconectadas de sua intuição e que ignoram sua necessidade de descansar e relaxar. Mas isso não se resume a fatores individuais, como já vimos. O ambiente ou cultura em que vivemos e trabalhamos pode exacerbar tal desconexão, encorajando uma mentalidade de "faça ou morra" em que indivíduos ignoram suas necessidades emocionais, psicológicas e físicas. Além disso, tal enfermidade pode se dar por meio de um fluxo constante de informações e interações que levam a uma incapacidade de se desconectar.

Há uma situação em que esse forte incentivo pode ser apropriado: quando você está em uma situação de sobrevivência. Se você estiver sendo perseguido por um tigre-dentes-de-sabre, suas maiores necessidades são suprimidas. Não há tempo para se preocupar com justiça, conexão ou mesmo com ferimentos leves, pois você só tem a opção de continuar a correr ou de lutar por sua vida. Infelizmente, ainda que ser perseguido por um tigre-dentes-de-sabre faminto não seja mais uma preocupação primária em nossa sociedade, nossa cultura de trabalho e nossa psicologia ainda carregam resquícios dessa qualidade de sobrevivência.

Os indivíduos com frequência têm respostas fisiológicas de sobrevivência às atividades diárias de trabalho, como uma reunião importante, uma entrevista ou na gestão de conflitos. Em particular, falar em público pode provocar um medo intenso (DWYER; DAVIDSON, 2012). Para nossos corpos e cérebros, é fácil confundir as provações e tribulações cotidianas com uma questão de sobrevivência. Como você pode imaginar — ou pode já ter vivenciado — estar constantemente em modo de sobrevivência é bastante cansativo e insustentável. A tensão se acumula no corpo e ele começa a entrar em colapso. Mas como parece uma questão de sobrevivência, continuamos com esse projeto, estratégia, emprego ou carreira, até tombarmos.

Expansão da missão de sobrevivência

Caso já tenha trabalhado em um projeto, você sabe que um dos perigos existentes é um escopo ambíguo, que leva ao que os gestores de projeto chamam de "expansão da missão". As tarefas e expectativas do projeto continuam crescendo sem fim à vista, porque não há limites claros para a atividade: então você acaba com metas e atividades intermináveis. As expectativas, deixadas sem controle, tendem a crescer sem parar.

É o que parece acontecer com nosso mecanismo de sobrevivência no mundo moderno. Nenhuma quantidade de ganho material ou psicológico é suficiente! Há sempre mais para se ter, ganhar e aprender! Claro, não é que nenhuma dessas coisas seja inerentemente errada ou ruim, mas quando tais metas tornam-se uma questão de sobrevivência, o corpo e a mente são incapazes de relaxar e desfrutar do presente e se tornam contraproducentes para uma sensação de felicidade e realização.

Contudo, estudos sobre a felicidade mostraram que o ganho infinito não leva à felicidade (JEBB *et al.*, 2018). Sempre que consegue algo que deseja, você fica feliz por um tempo e depois volta ao seu nível de felicidade padrão. Portanto, pode parecer que a única maneira de sustentar o aumento da felicidade é continuar correndo atrás de uma coisa após a outra. Essa é a chamada "adaptação hedônica" (LAYARD, 2008).

Por que uma renda mais elevada não leva sempre a uma felicidade maior ou a um bem-estar emocional? Bem, rendimentos mais altos são geralmente acompanhados de maior pressão e exigências (tempo, carga horária, responsabilidades) que também podem limitar as oportunidades de experiências de realização, incluindo relacionamentos íntimos e esforços criativos. Outros fatores podem desempenhar um papel no aumento do estresse, apesar de uma renda maior: valores materialistas mais fortes, aspirações materiais adicionais que podem ficar pendentes, maiores comparações sociais ou outras mudanças na vida resultantes de uma renda maior, como, por exemplo, ter mais filhos ou viver em bairros mais caros (BARR, 2018).

Todavia, pode ser difícil desativar o desejo por mais dinheiro ou status se você estiver na adaptação hedônica. Conseguir bens materiais e status para conforto e segurança é praticamente um reflexo da mente humana, como vimos no último capítulo. Quando nascemos, temos medo de duas coisas: ruídos estrondosos e de sermos abandonados. Os bebês têm um reflexo de agarrar as coisas que desaparecem após alguns meses. No entanto, pode levar uma vida inteira para redirecionar nosso reflexo de nos agarrarmos a bens materiais e status. Pode ser necessário um episódio de burnout ou uma crise para nos ajudar a acordar. A boa notícia é que uma crise pode se transformar em uma oportunidade para retroceder, autoavaliar e considerar novas possibilidades com mais liberdade. Com uma mente aberta e dedicação, você pode direcionar a sua felicidade para criar um padrão, em vez de se agarrar a objetos ou status a fim de promover momentos fugazes de felicidade. Assim, recorreremos a ferramentas e técnicas úteis na Parte Dois.

Culturas de trabalho tóxicas: a armadilha coletiva

Cerca de três anos após sair de uma carreira altamente estruturada e competitiva rumo a algo mais empreendedor e fluido, comecei a realmente perceber o contraste em minha experiência cotidiana de trabalho. A essa altura, eu havia passado cerca de mil horas treinando profissionais de sucesso que reavaliavam e às vezes pivotaram sua trajetória de carreira; e eu via os pontos em comum com uma clareza crescente.

Por exemplo, Xena tinha ciência de que um de seus valores fundamentais era a autonomia e que ela não performava bem em ambientes altamente controlados ou prescritivos. Sua capacidade de sintetizar de forma criativa informações complexas e comunicá-las de forma eficaz em ambientes de alta pressão e alta complexidade parecia subutilizada. Ela gostava de muitos aspectos de seu trabalho — ele era significativo, prestigioso e bem remunerado, e ela tinha a oportunidade de viajar, conhecer pessoas fascinantes e se envolver em discussões gerais — mas ela se sentia presa em uma cultura que não se alinhava bem com seus valores, sem esperança de que as coisas melhorassem. Não havia caminhos óbvios para o progresso sem um compromisso significativo, tampouco era fácil articular a sensação de mal-estar sem sentir dificuldade ou contradição.

O que é uma cultura de trabalho tóxica?

Você provavelmente já esteve em um ambiente que descreveria como tóxico. Você pode pensar em um ambiente onde a competitividade domina (as pessoas roubam os créditos das outras, falam mal umas das outras, desvalorizam as outras para melhorar sua própria posição, afirmam saber mais do que as outras etc.): é preciso ter cuidado ao subir na posição de status e poder. Há uma constante sensação de ameaça e manipulação política, pois você também pode ser atingido com a falta de recursos e precisar fazer mais com menos.

Há três fatores psicossociais relacionados ao trabalho que são bem conhecidos na pesquisa científica, os quais são associados a resultados negativos de saúde e bem-estar, incluindo morte, doença cardíaca, diabetes, doença mental e burnout (JOUBERT; ROTHMANN, 2007; MARMOT, 2015) mais um que é mais difícil de medir, mas não menos significativo. Qualquer um desses fatores é suficiente para criar o que podemos chamar de uma cultura de trabalho "tóxica", mas, em muitos ambientes de trabalho tóxicos, é provável que você veja pelo menos dois ou mais. São eles:

- tensão no trabalho;
- desequilíbrio entre esforço e retorno;
- hierarquia rígida;
- competição disfuncional.

Tensão no trabalho

Você tem uma alta carga de trabalho com pouco controle sobre ela, ou seja, uma falta de autonomia em condições estressantes. Isso costuma levar ao "desamparo constante" e relaciona-se a várias doenças mentais e físicas.

Desequilíbrio entre esforço e retorno

Você trabalha duro com muita energia e dedicação, mas o salário, as perspectivas de promoção, a segurança no emprego, a estima e o reconhecimento não combinam. Mais uma vez, isso acaba causando estresse e doença.

Uma hierarquia rígida

Hierarquias rígidas podem ser descritas como uma ordem social que dá diferentes níveis de acesso a recursos como dinheiro, poder e conexões. Foi demonstrado que ser inferior na hierarquia (por exemplo, em um ambiente de trabalho) leva a um maior risco de problemas de saúde, por exemplo, como demonstram os extensos estudos conhecidos como Whitehall[2] e liderados pelo professor Michael Marmot, na UCL (MARMOT, 2015). Além disso, a sensação de estar mais abaixo na ordem hierárquica prejudica a saúde de todos em relação à pessoa que está no topo. Embora a hierarquia rígida possa ser útil em situações de guerra em que uma organização de comando e controle é útil para gerir uma crise de forma eficaz, ela é menos útil no mundo volátil e complexo

2. Conduzidos em Londres nos períodos entre 1967 e 1977, e entre 1985 e 1988, os estudos Whitehall investigaram a correlação entre posição hierárquica no trabalho e mortalidade, concluindo que quanto menor o nível hierárquico, maior a taxa de mortalidade.

em que vivemos hoje. Na maioria dos contextos de trabalho, a inovação e a colaboração são qualidades mais eficazes (IBM, 2010).

Competição disfuncional

Esse fator é menos compreendido do que os demais, porque é mais difícil de medir. Sistemas que colocam os indivíduos uns contra os outros, a fim de aumentar os ganhos de produtividade e incentivar as pessoas a um desempenho mais difícil, podem ser os mais prejudiciais de todos, caso a pesquisa atual sobre segurança psicológica esteja correta (EDMONSON, 2021).

Em um programa de 12 etapas, você é aconselhado a não tomar decisões se estiver faminto, irritado, solitário ou cansado (*Hungry*, *Angry*, *Lonely* ou *Tired* — HALT). No entanto, quantos de nós continuamos a trabalhar, apesar de sentirmos algumas ou todas essas condições ao mesmo tempo? Os líderes podem medir muito melhor o trabalho das pessoas pelo valor que produzem do que pelas horas que elas se dedicam (SCHWARTZ, 2010). Argumentos fortes, racionais e empiricamente informados tornam os líderes que ajudam seus funcionários a se sentirem seguros, valorizados e apreciados, bem como cada vez mais necessários (SINEK, 2020).

Por que permanecemos em culturas de trabalho tóxicas?

Você provavelmente já ouviu as pessoas dizerem que o mundo é desse jeito. Os humanos são falhos e gananciosos, e nós só temos que sobreviver o melhor que pudermos. Trata-se de um mundo individualista. Mas tais ideias, embora se baseiem em realidades de nossa história humana, também atrapalham a mudança. Se você está se sentindo preso, em nada ajuda acreditar fatalmente que é assim que as coisas são. Mais do que isso, reforçamos a cultura tóxica, acreditando em seus mitos de origem.

Então, qual seria a alternativa? Se não se trata de falhas individuais, medo ou ganância, o que mantém as pessoas presas a um trabalho?

Grande parte da cultura corporativa tóxica que oprime o capital humano para lucrar baseia-se em fatores mais abrangentes, bem como no controle de pessoas, como vimos no Capítulo 1. O capitalismo como um sistema tem seus problemas. O fato de uma pequena elite deter os meios de produção, enquanto a maioria troca seu trabalho por dinheiro, favorece um desequilíbrio de poder. Assim, os detentores dos meios de produção — por exemplo, os acionistas de uma empresa — provavelmente escolherão estruturas de liderança e gestão que se alinhem com seus próprios valores e interesses.

Por exemplo, a teoria da maximização do valor para o acionista, que surgiu nos anos 1980, prioriza os pagamentos aos acionistas e, portanto, o lucro da empresa (em vez do valor social ou do bem-estar da força de trabalho). Isso significa que executivos e equipes gerenciais com frequência recebem ordens para fazer exatamente isto: maximizar o lucro para os acionistas a todo custo. No final, tal abordagem é indiscutivelmente prejudicial às organizações, funcionários e à sociedade em geral (STOUT, 2012). Porém, não se trata de uma lei universal, é claro. Existem exceções, sim. Contudo, entendendo a origem histórica de nossa cultura de trabalho atual, podemos com sorte mudá-la, reavaliando sua utilidade.

Sistemas que aprisionam e competição disfuncional

Com esses fatores mais abrangentes em mente, agora nos concentraremos no que está dentro de nosso controle. A nível individual, podemos olhar para as pessoas, lugares e hábitos que criam uma sensação de estresse, tensão ou aprisionamento e avaliar onde podemos intervir. É assim que você pode recuperar o senso de ação e liberdade.

Incentivos que aprisionam

Grandes bonificações e promoções baseadas em quanto dinheiro ganhamos para uma organização ou empresa, naturalmente, desviarão nosso comportamento do foco nas pessoas. Receber a bonificação também nos manterá na disputa para a próxima grande bonificação e financiará um estilo de vida que teremos dificuldade de abandonar. Uma forma particularmente insidiosa desse modelo é conhecida como "algemas de ouro": um esquema em que benefícios e pagamentos são oferecidos por um empregador para desencorajar um funcionário a aceitar emprego em outro lugar. Você é literalmente pago para ficar. Incentivos não tão tangíveis são a validação dada àqueles que "trazem resultados" em vez de cuidar de sua equipe. Estes demonstram os hábitos pouco saudáveis de trabalharem até tarde e no fim de semana, bem como de responderem a e-mails em todas as horas do dia. Assim, a aprovação implícita desses comportamentos pode dificultar a saída da empresa.

Chefes que aprisionam

Chefes devem ser pessoas que admiramos. Eles têm poder e autoridade e, portanto, é provável que prestemos atenção ao que eles dizem. Se eles aderirem à cultura de trabalho orientada para o lucro, é provável que reforcem tais mensagens a você. Na pior das hipóteses, eles podem intimidá-lo ou aumentar sua sensação de insegurança para que você tenha menos probabilidade de pensar em alternativas (SINEK, 2020). A teoria do "Grande Homem" de liderança foi adotada durante a maior parte do século passado e sustenta que grandes conquistas são o resultado dos esforços de um único homem e não de um grupo ou sistema. É desnecessário dizer que, ao tentar fazer jus a ela, muitos chefes criam atmosferas tóxicas em que tudo está centrado ao seu redor e as necessidades de outras pessoas são ignoradas.

Colegas que aprisionam

Somos criaturas empáticas por natureza e captamos os sentimentos e pensamentos de outras pessoas. Com o tempo, podemos correr o risco de torná-los nossos. Iniciar discussões de teor negativo e fazer insinuações e fofocas com colegas infelizes pode diminuir sua positividade e sugar a energia que você poderia empregar no que realmente quer fazer.

Mitos de sucesso que aprisionam

Já analisamos alguns deles, por exemplo, que mais dinheiro, mais status e mais posses equivalem a felicidade e sucesso. Simplesmente não é verdade, mas tais mitos nos mantêm na esteira.

Mitos de trabalho que aprisionam

Muitas ideias obsoletas sobre produtividade e lealdade estão desatualizadas para o mundo do trabalho que se atualiza rapidamente nos dias de hoje. Algumas delas incluem:

- mente vazia é oficina do diabo (você deve permanecer ocupado);
- odeie o jogo, não o jogador (você deve jogar o jogo/a política);
- tempo é dinheiro (dinheiro é uma prioridade);
- venda o almoço para pagar a janta (nas finanças);
- publique ou pereça (na academia).

Pensa-se que grande parte desse tipo de ética de trabalho tem origem religiosa, vindo da crença cristã protestante de que trabalhar duro era um sinal de estar entre os predestinados para o paraíso (WEBER; SWEDBERG, 2009).

Analisaremos alguns desses mitos de trabalho com mais detalhes no Capítulo 3.

AUTORREFLEXÃO — MITOS DE TRABALHO

Quais são os mitos de trabalho com os quais você cresceu?
Quantos anos você tinha quando ouviu falar sobre eles?
Você está pronto para esquecer daqueles que não fazem mais sentido?

Identidades que aprisionam

Podemos nos adaptar tão bem e nos habituar a uma certa cultura de trabalho ou conjunto de mitos que nos acostumamos a um certo modo de ser ou criamos uma personalidade que é difícil de se livrar. Nosso ambiente quase se torna uma parte de nossa identidade; alguns poderiam chamar isso de institucionalização. Seus hábitos tornam-se seu destino. No próximo capítulo, veremos com mais detalhes alguns desses hábitos.

Libertando-se

Então, o que Xena escolheu? A estrada menos percorrida ou a que ela já percorria? Por meio de reflexão e questionamento, ela percebeu que, apesar de seu sucesso e segurança no trabalho, ela não era leal a seus valores e viver dessa maneira em busca de alguma eventual resolução era exaustivo. Ela concluiu que a ascensão profissional exigiria um compromisso que ela não estava disposta a ter. Felizmente, ela encontrou um líder em sua área que compartilhava sua visão e valores e lhe ofereceu um novo conjunto de oportunidades com organizações globais que atuam em questões primordiais. Ela renovou o sentimento de realização no trabalho, pois vislumbrou apoio à sua criatividade, assim como um encorajamento e respeito à sua autonomia, o que pareceu apropriado para seu estágio de carreira. Ela se recordou de como era se sentir empolgada com o trabalho que fazia. Durante esse tempo, ela percebeu que o que realmente queria era mais liberdade e espaço para trabalhar em seus próprios termos, com mais flexibilidade e mais tempo para a família, amigos e mais expressão criativa. Ela também sentiu que a verdadeira segurança e proteção começava com suas próprias habilidades e que outra forma de trabalhar era possível. Como a maioria das pessoas que entram no empreendedorismo e nos negócios, ela estava pronta para se tornar sua própria chefe (SIMOVIC, 2019).

Ela posicionou-se no trabalho como uma profissional independente e organizou sua vida em algo que combinava mais estreitamente com seus ritmos e valores internos. Ela foi capaz de viajar, passar mais tempo com a família e descansar o quanto precisava. Além disso, aproveitou sua criatividade enquanto lutava com a incerteza do trabalho independente, encontrando seu caminho dando um passo de cada vez.

As mudanças de carreira não são incomuns e parece que o modelo de "carreira duradoura" terminou (USBORNE, 2014; FLEMING, 2019). Contudo, é menos comum que as mulheres criem uma empresa no Reino Unido, onde as estatísticas ficam atrás de outros países como Canadá, Austrália, Estados Unidos e vários países europeus. A porcentagem de mulheres empreendedoras no Reino Unido em 2017 era de 5,6 por cento em comparação com 15 por cento no Canadá e 11 por cento nos Estados Unidos (ROSE, 2019). Na Parte Três, exploraremos como passar da mentalidade de empregado para uma mentalidade empreendedora e como aplicar isso à sua carreira, mesmo que você trabalhe em uma organização.

Eis a principal lição aprendida com a minha própria transição: sei que não poderia ter completado a transição para uma nova fase de minha carreira com base no conjunto de hábitos de padrões de pensamento que me fizeram ter sucesso antes. Acredito que deixar de lado a necessidade de controlar o resultado pelo planejamento e/ou a necessidade de certeza, tentando encontrar as respostas corretas, foram grandes mudanças de mentalidade. Quando desenvolvi a vontade de lidar com a ambiguidade e assumir riscos, o caminho se revelou. Estou cada vez mais convencida, tanto por minha própria experiência quanto pelas discussões que tive com centenas de profissionais e empreendedores, incluindo meus clientes de coaching, que nosso trabalho não é forçar sonhos a acontecer, mas sim remover as barreiras para que nossos sonhos se tornem realidade.

Portanto, vimos que as crises de carreira (e de meia-idade) são comuns: não há nada de estranho se você estiver passando por isso ou estiver apenas contemplando suas opções. Muitos fatores estão além do seu controle, como os culturais, traduzidos em expectativas inúteis sobre o sucesso, têm um papel a desempenhar. Entretanto, ignorar sua própria intuição ou sinais internos de que algo não está bem pode prolongar desnecessariamente uma crise, tendo em vista que tais sinais poderiam ser transformados em uma oportunidade de retroceder, conectar-se com seus valores profundos e desenvolver a coragem de viver seguindo o que realmente importa para você.

No próximo capítulo, veremos com mais detalhes a experiência individual da Armadilha do Sucesso. Exploraremos o quanto os profissionais de alto desempenho, ao mesmo tempo em que são modelos de competência na cultura, estão em desvantagem em termos de sair da Armadilha do Sucesso: situação que poderíamos chamar de Paradoxo do Alto Desempenho.

CAPÍTULO 3

O Paradoxo do Alto Desempenho, a síndrome do impostor e outras armadilhas de identidade de trabalho

A ideia de que aqueles que são bem-sucedidos em termos de educação, ocupação e renda podem eventualmente estar em desvantagem em termos de saúde mental, felicidade e realização não é necessariamente uma ideia intuitiva. É o que eu chamo de Paradoxo do Alto Desempenho — vencer a disputa e perder a felicidade — um fator considerável na Armadilha do Sucesso.

Exploramos o contexto global, social e organizacional da Armadilha do Sucesso. Agora, é o momento de olhar mais de perto para nossos próprios padrões e comportamentos individuais de pensamento. Seguindo as ideias desta Parte, você estará em uma ótima posição para usar as ferramentas transformacionais da Parte Dois com o objetivo de ajudá-lo a sair de qualquer armadilha de sucesso e se libertar para criar uma experiência de realização mais profunda no trabalho e na vida.

O que você faz após vencer a corrida dos ratos...?

ESTUDO DE CASO — Diana

Quando Diana e eu nos conhecemos em 2016, ela se sentia sobrecarregada com o trabalho. Aqui estava ela: uma consultora hospitalar recém-contratada em uma das especialidades médicas mais competitivas, com ambição igualada apenas pelo enorme sucesso de seu pai na mesma especialidade. Trabalhando em um hospital movimentado da cidade, ela sentia que não tinha tempo para desenvolver sua carreira para o próximo nível e que sua vida pessoal também precisava de atenção. Ela esperava que o coaching a ajudasse a ter uma carreira em uma cidade diferente, em um hospital diferente, com mais autonomia. Ela queria mais desafio intelectual e inspiração para trabalhar em projetos estimulantes que a permitissem dar uma contribuição real. Ela esperava liderar seu próprio serviço hospitalar, exatamente como seu pai. Finalmente, ela queria uma relação saudável e significativa com alguém especial, além de se reconectar com sua criatividade. Além disso, ela tinha múltiplos talentos criativos.

Poucos meses após começarmos a trabalhar juntas, Diana foi procurada pelos melhores hospitais do país. Foi-lhe oferecida a liderança de seu próprio serviço em um dos hospitais mais prestigiados do país, que ela aceitou. Ela foi rapidamente reconhecida por seu trabalho com prêmios nacionais de excelência e foi convidada a discursar em conferências internacionais. Ela conheceu um parceiro maravilhosamente cuidadoso e compreensivo com quem ela gosta de viajar e com quem está formando uma família. Ela corre meia-maratona regularmente e reavivou passatempos criativos.

Três anos depois, seu sonho tinha se tornado realidade!

Mas, eventualmente, ela começou a se sentir inquieta de novo. Ela se perguntava se não estava fazendo o suficiente, fazendo demais ou fazendo a coisa errada em sua totalidade. Eu também já passei por isso. É avassalador. Claro, alguma gestão de tempo e priorização poderia ajudar um pouco... Mas a verdade é que, com o Paradoxo do Alto Desempenho, desafios, metas e sucesso se tornam seu modo de vida e é difícil se livrar disso.

Embora seja ótimo chegar ao topo de uma montanha, é inevitável que você tenha que descer. Se não tiver cuidado, você se sentirá feliz apenas ao escalar a montanha. Dessa forma, você continuará tendo que encontrar a próxima montanha para escalar. Na Filosofia budista, esse ciclo interminável de começos e finais é chamado de *samsara*. Talvez você mesmo tenha notado que a satisfação da conquista nunca dura muito tempo antes que surja um novo desejo de algo para preencher seu tempo e absorver sua atenção. A boa notícia é que temos uma chance de nos libertar e encontrar uma realização mais profunda.

O Paradoxo do Alto Desempenho significa que você é bom em escalar "montanhas", porém não é capaz de desfrutar plenamente do processo ou de se sentir satisfeito por muito tempo. À medida que você começa a ter sucesso na escalada de montanhas, você desenvolve um gosto por isso. Por outro lado, você odeia descer da montanha e se sente inquieto quando está na base ou no meio dela. Quanto mais montanhas você sobe, mais percebe que isso nunca lhe trará a verdadeira realização que procura. Você começa a perceber que:

- Sua agenda está sempre lotada.
- Você se sente inquieto e tem dificuldade para relaxar/dormir.
- Você muitas vezes procura o próximo desafio.
- Sua vida pessoal ou seu autocuidado facilmente ficam em segundo plano.
- Você sente uma empolgação que some rapidamente após sanar um problema ou alcançar uma meta.
- O fracasso não é habitual.

Você não percebe que está sempre trabalhando.

AUTORREFLEXÃO — CARACTERÍSTICAS DE PROFISSIONAIS DE ALTO DESEMPENHO

Quantas das características listadas acima poderiam ser atribuídas a você? Se você pudesse se concentrar em uma dessas áreas como uma área de transformação nos próximos 12 meses, qual seria?

Se não tivermos cuidado, podemos nos tornar como o mítico Sísifo, rolando constantemente uma rocha colina acima apenas para que ela volte a rolar para baixo, e, posteriormente, recomeçar tudo de novo. O psicanalista e filósofo pragmático Erich Fromm resume isso: "A felicidade ilusória chamada sucesso, como um fantasma: nos deixa desapontados assim que acreditamos tê-la capturado" (FROMM,1983).

Por que uma crise de carreira pode parecer pior se você for um profissional de alto desempenho?

Não há nenhum problema em ser um profissional de alto desempenho. O aspecto negativo da realização, como qualquer hábito de pensamento ou comportamento, é quando ela se torna *compulsiva*. Uma das compulsões por trás da realização é a necessidade de vencer (e é por isso que o fracasso pode parecer tão doloroso). Tudo se torna uma competição, e a vida se torna uma estratégia que pode ser otimizada, pois trata-se mais de sobrevivência do que de crescimento. Mais que isso, trata-se de quanto se pode tirar, em vez de quanto se pode criar. Como resultado, oportunidades, saúde e relacionamentos podem ser prejudicados.

Caso tenha sido recompensado por certas habilidades e talentos que o levaram a uma determinada carreira, é preciso muita coragem para começar a questionar se esse é realmente o caminho para você. Fazendo eco à observação de Michael Sandel, professor de Filosofia Política de Harvard, se por acaso você tiver habilidades e talentos que a sociedade valoriza, você será recompensado por seu desempenho desde cedo (SANDEL, 2020). Conquistar se tornará seu modo de vida, porém, vale dizer que você não teve escolha.

Uma coisa é querer fazer uma mudança em seu trabalho ou em sua vida porque você sente que fracassou por alguma razão. Você pode atribuir isso ao azar, aprender com a experiência e eventualmente tentar outra vez. Além disso, você pode precisar de alguma ajuda ou de algum tempo para se recuperar, mas reencontra a sua motivação. Por outro lado, sentir-se bem-sucedido, mas que algo ainda não está certo, é outra coisa. Isso traz outro conjunto de desafios psicológicos e emocionais. A culpa é um grande desafio. A perda de tudo o que você construiu na vida também. E enfrentar o desconhecido do que tudo isso significa para o futuro, é, possivelmente, o desafio mais paralisante de todos. É preciso muita coragem para deixar uma situação de sucesso e seguir uma direção completamente nova, sem nenhuma garantia de que você voltará a ser "bem-sucedido".

Esses são desafios psicológicos que os profissionais de alto desempenho enfrentam quando começam a se sentir aprisionados. Já treinei um bom número de profissionais de alto desempenho (médicos, advogados, cientistas e líderes organizacionais de sucesso no Reino Unido e internacionalmente) e o fator de culpa é provavelmente o mais confuso. Tomemos como exemplo os médicos, que são tradicionalmente bem respeitados e recebem um alto status. Há muito valor social, significado e estímulo intelectual em seu trabalho, que muitas vezes é bem remunerado. Isso atinge o ponto certo ou *Ikigai* do trabalho (um termo japonês para *propósito* da vida, que revisitaremos no Capítulo 7). Assim, quando eles começam a questionar seu caminho, surge um sentimento de ingratidão. Isso pode ser agravado se sua família tiver investido muito tempo, energia e recursos para lhe proporcionar a educação e o apoio necessários para ter sucesso nessa carreira em particular. Portanto, não só pode ser confuso sentir-se insatisfeito com esse trabalho ideal, como a culpa em relação a outros que o apoiaram e têm grandes expectativas em relação a você pode ser paralisante.

Em outras palavras, caso seja um profissional de alto desempenho nesse sentido, você pode facilmente se sentir *culpado* pela crise de sua carreira. Pode ter vergonha de querer deixar um emprego ou uma carreira pela qual outros fariam qualquer coisa. Talvez seu trabalho lhe dê segurança, e sua família investiu muito para que você chegasse onde está. A situação do trabalho parece boa por fora, parentes e chefes podem querer que você permaneça no emprego, mas, no fundo, você está profundamente infeliz. Seu sucesso socialmente validado e seu talento para o trabalho estão atrapalhando sua verdadeira realização.

Identidades que aprisionam: fenômeno do impostor e do salvador

Um dos ingredientes mais importantes da transformação intencional de sua carreira ou vida é o preparo para a mudança (SAMPSON *et al.*, 2000). Ele o ajudará a superar os obstáculos, as crenças e identidades limitantes que você tem sobre si mesmo, assim como fatores fora de seu controle. Embora a pesquisa sobre Psicologia de alto desempenho não seja tão extensa como a Psicologia do esporte, temos outros conceitos e identidades sobrepostos: a síndrome do impostor e a identidade do salvador. Portanto, vamos analisá-las.

Fenômeno do impostor

Designações intimamente relacionadas a quem é muito bem-sucedido são “workaholic” e “síndrome do impostor”. A síndrome do impostor — originalmente denominada fenômeno do impostor — é provavelmente a designação mais reconhecível com algumas evidências estatísticas disponíveis. Os sentimentos de impostor não são incomuns: uma pesquisa britânica constatou que

85 por cento dos adultos britânicos admitiram sentir-se inadequados ou incompetentes no trabalho, e quase setenta por cento não sentem que merecem seu sucesso atual (THEHUBEVENTS, 2019).

Um dos estudos originais da década de 1970 referia-se a um grupo de mulheres acadêmicas e profissionais de sucesso (ROSE *et al.*, 1978). Apesar de suas formações de prestígio, do alto desempenho em testes padronizados, elogios e reconhecimento profissional de colegas e autoridades respeitadas, elas ainda se sentiam como fraudes. Foi levantada a hipótese de que, por alguma razão, elas eram incapazes de internalizar qualquer tipo de sucesso. Desse modo, algumas pessoas de prestígio relataram também se sentirem impostores, tais como Maya Angelou, Meryl Streep, Michelle Obama e Neil Armstrong.

Algumas das crenças que esses indivíduos tinham eram:

- Eu não sou inteligente.
- Enganei aqueles que pensam que sou inteligente.
- Meus sucessos/resultados/valores são devido a um erro no julgamento de outras pessoas.
- Eu não estou realmente qualificado para cumprir este papel.
- Alguém vai acabar descobrindo que eu sou uma farsa/fraude.
- Se eu não conseguir este emprego/promoção/cargo/posição, ficarei aliviado.

Essas pessoas também tendiam a dizer que se sentiam ansiosas ou deprimidas e sofriam de falta de autoestima durante boa parte do tempo, bem como frustradas no cumprimento dos padrões de realização autoimpostos. Em resumo, tais indivíduos tinham muitas dúvidas sobre si mesmos. Em resposta a tarefas ou prazos, uma de duas respostas costumava ocorrer: 1) procrastinação no início e depois ir com tudo à medida que o prazo se aproximava; ou 2) trabalho árduo durante todo o processo. Em ambos os casos, o sucesso não foi atribuído à sua própria capacidade: em vez de pensar em quaisquer dons ou talentos que eles possam ter, tal sucesso é atribuído à sorte ou devido a um trabalho duro. Em essência, para eles é impossível se sentirem bem consigo mesmos! São seus piores inimigos.

Não está totalmente claro o que causa o fenômeno do impostor. Em última análise, essa condição tem as mesmas causas complexas que qualquer característica ou hábito de pensar e comportar-se: é uma mistura dos mitos e narrativas que pegamos de outros e a necessidade natural do ser humano de pertencimento e de sentir-se seguro. Em algum momento, você pode ter começado a acreditar que precisava provar que era necessário ser aceito. Parece haver uma ligação entre os sentimentos impostores na vida adulta com como você era identificado quando era criança. Há um risco maior se você foi chamado de uma destas formas (HOANG, 2013):

- "o inteligente";
- "o talentoso";
- "o responsável";
- "o sensível";
- "o bom";
- "nosso favorito".

Se você se reconheceu em qualquer um dos itens citados e sente que há uma ligação, talvez esteja se perguntando o que pode fazer a respeito. Bem, o primeiro passo é a consciência: reconhecer que você pode ter sido muito duro consigo mesmo e que há outras identidades que podem ser escolhidas. Você também pode reconhecer que a cultura de trabalho ao seu redor pode recompensar sua dúvida em relação a si mesmo e que isso não é, em última análise, sustentável para você. Falando sobre o que você está percebendo e compreendendo que não está louco ou sozinho nesses padrões, comece a se livrar deles e a se dar mais liberdade para escolher diferentes pensamentos e comportamentos para o futuro.

AUTORREFLEXÃO — CRENÇAS CENTRAIS QUE APRISIONAM

Passe um momento (ou alguns dias) contemplando seus pensamentos. Alguns destes afloram regularmente?

- Não sou bom o bastante.
- Preciso trabalhar mais.
- Não quero decepcionar ninguém.
- Não quero que as pessoas pensem que sou fraco.
- Eu mesmo tenho que fazer tudo.

Observe quando e onde estes pensamentos vêm à tona. Existem pessoas, situações ou lugares específicos que os provocam?

O salvador e o prestativo

Como o fenômeno do impostor, a síndrome do salvador não é uma condição clínica ou enfermidade. Ambos são conceitos usados em Psicologia para captar alguns dos padrões de pensamento e comportamento que levam as pessoas a sabotarem seu próprio potencial enquanto buscam ajudar os outros. Conceitos e identificações similares incluem a síndrome do cavaleiro branco, o complexo de herói/heroína e o complexo de mártir. Um caso próximo é o prestativo.

A síndrome do salvador foi documentada como tendo sérias consequências de vida ou morte. O afogamento acidental continua sendo uma das principais causas de morte entre crianças. Uma porcentagem descomunal de mortes tem sido encontrada entre aqueles que mergulham para salvar uma criança que se afoga, haja vista que eles salvam a criança, mas se afogam. Esses salvadores são, muitas vezes, um pai ou parente que age por impulso. É claro que a noção de autossacrifício é nobre e ninguém poderia dizer que não faria o mesmo. Entretanto, se houvesse uma maneira de salvar a criança sem que o próprio salvador dela morresse, não seria melhor? Pensa-se que muitas dessas mortes poderiam ser evitadas se houvesse uma melhor consciência dos riscos de afogamento e o aprendizado de uma variedade de habilidades para salvar vidas, por exemplo (FRANKLIN; PEARN, 2011).

Segue outro exemplo: se você já esteve em um voo, talvez já tenha ouvido a mensagem para *colocar sua máscara de oxigênio primeiro* antes de ajudar qualquer outra pessoa. Como você pode imaginar, se estiver com uma criança, seu instinto altruísta pode ser colocar a máscara de oxigênio primeiro na criança. Entretanto, você rápida e inesperadamente perde a consciência quando é privado de oxigênio. O risco então é que seu filho fique sem um dos pais para ajudá-lo em uma situação de grande perigo, sem mencionar que ninguém poderá ajudar você caso perca a consciência. A Nasa lançou um vídeo demonstrativo do que a falta de oxigênio faz ao seu julgamento e quão rapidamente isso ocorre para ajudar as pessoas a entender a importância desse princípio (COFFEY, 2017).

Naturalmente, tais comportamentos não se limitam aos pais e são documentados no ambiente de trabalho, particularmente nas profissões de ajuda ao próximo e entre os líderes. O problema não é o instinto de ajuda em si. Ajudar é uma coisa boa! Entretanto, torna-se um problema quando "ajudar" se torna uma compulsão, que não considera todos os ângulos da situação como no cenário de afogamento citado (KETS DE VRIES, 2012). Além disso, ajudar no momento ou lugar errado pode privar a pessoa que você está tentando ajudar de suas próprias habilidades de resolução de problemas e ela pode se tornar dependente. Com o tempo, isso pode se tornar um comportamento unilateral e resultar em um esgotamento de energia. Muitas vezes, o "salvador" é alheio a esses impactos negativos, pois está focado nos sentimentos positivos que vêm ao salvar e na validação que vem dos elogios. Ele se torna viciado nos sentimentos de prazer, significado ou conexão momentânea que advêm da ajuda: *o vício de um salvador*, se você quiser chamar assim. Uma manifestação relacionada é o vício de ser elogiado: a *doença de ser agradável.*

Inevitavelmente, tais identidades são um fator de risco para a fadiga da compaixão, ressentimento e burnout. Um Paradoxo do Alto Desempenho pode se manifestar aqui, pois, quanto melhor você se tornar em salvar, aconselhar e corrigir, mais problemas lhe serão apresentados. Você se torna involuntariamente a pessoa a quem os outros recorrem sempre que há um problema ou crise. Dizer "não" torna-se difícil porque entra em conflito com sua identidade como aquele que pode consertar tudo. Veremos como sair disso com mais detalhes na Parte Dois.

Dez sinais de que você pode ser um salvador

O desafio com a mudança de padrões que não são úteis é que não podemos ver nossos pontos cegos. Em meu trabalho, vejo alguns sinais comuns que as pessoas com comportamento de "salvador" tendem a demonstrar.

1. **Seu trabalho pode refletir sua identidade de salvador**
   Você pode ser médico, enfermeiro ou trabalhar no setor de caridade. No setor privado, você terá a tendência de assumir o papel de ajudante, cuidador ou reparador.

2. **Você tende a se posicionar em situações para ajudar**
   Você não pensa duas vezes: onde a ajuda é necessária, você está lá! Você pode inconscientemente estar vasculhando o ambiente ou a situação em que a ajuda será necessária para poder chegar lá primeiro.

3. **Você antecipa as necessidades das pessoas antes delas**
   Talvez você saiba o que é necessário em uma situação antes que qualquer outra pessoa o faça ou até mesmo saiba o que uma pessoa precisa, mesmo que ela não esteja ciente disso. Você pode ficar entediado ou ansioso se não houver um problema para resolver ou alguém para ajudar!

4. **Você se torna viciado em ajudar**
   Você tem boas sensações — uma adrenalina de endorfina — quando você ajuda ou corrige algo. Não há nada de errado com isso, é claro, desde que não seja uma compulsão.

5. **Você gosta de ser independente**
   Você gosta de descobrir as coisas sozinho e sente que pode descobri-las com tempo e esforço suficientes.

6. **Você sente que não merece ajuda**
   Você acredita que está bem e que suas necessidades e seu trabalho não são tão difíceis assim, então por que alguém deveria apoiá-lo ou ajudá-lo? O que você está fazendo é exatamente o que se espera. É o mínimo que se pode esperar. Pode ser que você ande por aí pensando: "Todo mundo não faz isso?" Note que isso é semelhante ao pensamento do fenômeno do impostor.

7. **Você tem surtos de raiva e não entende o porquê**
   Você é tão prestativo que começa a se sentir esgotado. Mas você não se afasta nem cuida de si mesmo. Você não reconhece o fato de que pode precisar de algum espaço, e os sentimentos de culpa surgem quando pensa em descansar. Então, sua frustração ocasiona um surto de raiva.

8. **Você se aborrece com outras pessoas que pedem ajuda**
   As pessoas que lhe pedem ajuda podem incomodá-lo. Pode parecer que estão fazendo muito barulho por nada e você os percebe como queixosos ou desnecessariamente fracos e que precisa oferecer apoio a todos.

9. **Você tem problemas para articular seus próprios sentimentos e necessidades**
   Mesmo que estivesse tudo bem em pedir ajuda, você não saberia realmente como o fazer porque não está acostumado. Pode ser que você nem tenha certeza do que é um sentimento ou necessidade!

10. **Você fica desconfortável ao estar vulnerável**
    Esse é o fator intrínseco a esses padrões de pensamento e comportamento: um desconforto com o sentimento de vulnerabilidade e incerteza. Onde algumas pessoas costumam agredir/culpar outras ou percebem e ignoram suas necessidades mais profundas de reafirmação, você surge e ajuda. É um mecanismo habitual de sobrevivência para se defender contra a incerteza.

É claro que nenhum desses comportamentos é intrinsecamente problemático. A qualidade de cuidar dos outros é maravilhosa. É quando os comportamentos são compulsivos e desordenados com o que é realmente necessário em uma situação que os problemas surgem. A consciência é o primeiro passo para usar suas capacidades com moderação e sabedoria para oferecer sua melhor contribuição (não apenas uma contribuição habitual e compulsiva, guiada por pressões e expectativas externas).

AUTORREFLEXÃO — COMPORTAMENTOS DE SALVADOR

Quantos desses padrões de salvador você segue?
Qual é a vantagem de cada um?
Qual é a desvantagem?
Quem você seria sem eles?

Mitos do trabalho tóxico

De onde vêm essas identidades que nos aprisionam? É claro que as experiências de infância, a escolaridade e a cultura em que crescemos têm um papel importante. Mas este livro não se concentrará nessas experiências iniciais da vida. Nos capítulos anteriores, discutimos o contexto geral, global e ocidental da sociedade; aqui continuaremos examinando o contexto organizacional e os mitos da cultura de trabalho (às vezes confundida com "ética de trabalho") em que podemos nos envolver. Anteriormente, analisamos identidades que aprisionam, porém, agora analisaremos os mitos complementares do trabalho e como eles interagem com as identidades que nos aprisionam.

O mito da produtividade

Abordamos como nossa versão atual do capitalismo e a estratégia de negócios de maximização do valor para o acionista pode levar ao esgotamento e sobrecarga de trabalho dos empregados. Como resultado, as pessoas acreditam que precisam permanecer constantemente produtivas e ocupadas ou correm o risco de perder seus empregos. Na verdade, o que vimos nas últimas décadas é que colocar as pessoas sob pressão para obter lucros e resultados pode ter efeitos catastróficos de proporções globais. A recessão global de 2008 é um exemplo.

"Fazer mais com menos" é um mantra que tem se enraizado à medida que as empresas têm procurado fazer ganhos de eficiência pós-recessão. Como as cargas de trabalho continuam a aumentar e se tornam mais complexas no mundo VUCA, desenvolveu-se uma obsessão com ferramentas de produtividade e obstáculos de gestão de tempo. Mas dados econômicos, nos Estados Unidos, por exemplo, viram que a produtividade (medida como a quantidade de bens e serviços produzidos com o número de horas ou trabalho para produzi-los) está aumentando apenas 1,4 por cento ao ano, a menor taxa de crescimento em trinta anos (SPRAGUE, 2017). Acontece que uma mentalidade de "fazer mais, mais rápido" não é realmente como as pessoas querem trabalhar, e que 61 por cento delas dizem que querem "diminuir o ritmo para fazer as coisas do jeito certo" (TAYLOR, 2019).

De uma perspectiva física, é mais fácil perceber quando o corpo atingiu seu limite, mas, em uma economia do conhecimento, é mais difícil para as pessoas perceberem quando seu julgamento é prejudicado até que seja tarde demais. Por exemplo, erros médicos custam vidas. A Agência de Pesquisa e Qualidade da Saúde (*Agency for Healthcare Research and Quality*) dos EUA reconheceu que a fadiga é caracterizada como um perigo latente e "uma condição precária" no cuidado com a saúde (AHRQ, 2019). Todavia, as intervenções para melhorar a segurança dos pacientes, garantindo que médicos e outros profissionais de saúde tenham tempo suficiente de descanso e recuperação, são práticas ainda muito iniciais. Embora as pesquisas sobre quais tarefas são mais afetadas e por qual tipo de fadiga também sejam limitadas, sabemos que, se estamos constantemente sobrecarregados e sob pressão, nossa sobrevivência (lutar/fugir) e nosso pensamento de alto nível é desligado para preservar energia e focar em ameaças imediatas (AHRQ, 2019).

De certa forma, o fato de que as tarefas podem ser automatizadas e mecanizadas é potencialmente positivo para a saúde e a felicidade das pessoas; desde que possamos passar pela transição sem sacrificar a capacidade que a força de trabalho atual tem de ganhar a vida. A longo prazo, uma proporção maior de trabalho repetitivo poderia ser feita por máquinas, enquanto os humanos fazem o trabalho mais criativo e relacional. No próximo capítulo, exploraremos como seria trabalhar usando um modelo de Ciclos Criativos, que se encaixa em nossas faculdades cognitivas superiores, em vez de um modelo de produtividade mecânica, que se baseia no trabalho físico ou em tarefas cognitivas repetitivas.

O mito da meritocracia

Um dos primeiros cursos na Universidade de Harvard a ser oferecido como uma versão on-line foi chamado *Justice* e foi dirigido pelo professor de Filosofia de Harvard Michael Sandel (SANDEL, 2020). Eu mesma fiz o curso on-line como estudante de doutorado e lembro o quanto ele ressoava comigo. Ele me ajudou a me libertar do peso das expectativas externas, pois compreendi as origens do meu sucesso acadêmico e profissional em um contexto maior. A conscientização é o início da transformação!

Dentro das salas de aula de uma das maiores universidades de elite do mundo, ele desafia os estudantes a repensarem suas ideias de meritocracia pela ótica de sua própria conquista de entrar em Harvard. Ele observa que a verdadeira meritocracia é um sistema impossível. Talvez seja preferível ao nepotismo ou outros sistemas de distribuição de posição e poder de uma forma arbitrária, que não se baseiam em talento e habilidade. Mas ele demonstra que o progresso de um indivíduo em uma meritocracia é baseado nos talentos e habilidades *que se tem*; condições de nascimento (a maioria das pessoas em sua palestra eram primogênitos), criação e educação, condições estas que *não* são *inerentes a eles*. Portanto, ninguém pode realmente dizer que seu sucesso é merecido com base em seus próprios esforços (SANDEL, 2020). Embora isso possa parecer um ataque no início, oferece uma saída para a Armadilha do Sucesso ao reconhecer que não estamos totalmente no controle de nosso sucesso. Seus resultados de vida, incluindo suas conquistas, são em grande parte predeterminados, o que pode tirar um peso de suas costas! Isso não significa que você deve ceder a pensamentos de impostor. Deve simplesmente ajudar a equilibrar o peso da responsabilidade que você sente pelo sucesso com o fato de que você é, em parte, o produto de causas preexistentes ao seu nascimento.

Agora analisaremos algumas descobertas fundamentais de como as crianças são ensinadas sobre esforço e sucesso. Um estudo com quatrocentas crianças em uma escola pública dos EUA, realizado pela professora Carol Dweck, examinou os efeitos dos elogios. Como resultado do estudo, pais de todo o mundo trocaram seu estilo de paternidade e começaram a elogiar seus filhos pelo esforço em vez dos resultados (ou dos fatores fora do controle de seus filhos, como a inteligência) (DWECK, 1999).

Por exemplo, em vez de dizer "Parabéns por tirar nota dez na prova", eles diriam "Parabéns por se esforçar para fazer a prova". Além disso, as descobertas indicaram que as crianças elogiadas pelos resultados (fatores fora de seu controle) em vez de pelo esforço (fatores dentro de seu controle) tendem a escolher desafios mais fáceis em vez dos mais difíceis quando lhes foi dada uma escolha. Aquelas elogiadas pelo esforço também se recuperaram após um fracasso e se saíram muito melhor, enquanto aquelas elogiadas pelos resultados ou inteligência se saíram pior em um teste seguinte. Não é nenhuma surpresa que o fracasso afetou mais as crianças elogiadas por resultados e inteligência do que as outras. Surpreendentemente, as garotas mais brilhantes foram as mais afetadas por esses efeitos e tenderam a ter a pior crise após um fracasso, se elogiadas pelo sucesso, e não pelo esforço.

No resumo do estudo, o líder concluiu que "quando elogiamos as crianças por sua inteligência, dizemos a elas que este é o nome do jogo: pareça inteligente, não arrisque cometer erros" (BRONSON, 2007). O que isso nos diz? Talvez a mensagem seja esta: acreditar que você deve estar à altura de um certo padrão, e das expectativas externas, reduz sua vontade de experimentar e aprender com o fracasso. Em outras palavras, isso prejudica sua resiliência e atrapalha a criatividade e a expressão de seu pleno potencial.

O mito do sucesso como princípio organizador da vida

O profissional moderno de alto desempenho é alguém que possui excepcionais habilidades analíticas e conhecimentos especializados. Geralmente é alguém que se saiu bem nos estudos, mas não necessariamente. Ele quase sempre tem um conjunto de padrões de pensamento, sentimento e comportamento em que o *sucesso é um princípio organizador*.

O que há de errado com isso? Como discutido até agora neste livro, a Armadilha do Sucesso é uma situação de carreira ou de vida que é praticamente uma estratégia de sobrevivência. Ela permitiu que você tivesse sucesso de acordo com expectativas externas que não estão necessariamente alinhadas com sua essência, valores e aspirações. É também um conjunto de hábitos de pensamento e comportamento que impedem o crescimento e a tomada de riscos necessários para a próxima fase de sua carreira e vida.

O Paradoxo do Alto Desempenho entra então em cena como uma dupla ligação: os sucessos passados começam a diminuir a capacidade de assumir riscos, a imaginação e a criatividade, a fim de proteger os atuais. Esse dilema é particularmente acentuado para profissionais de alto desempenho da economia do conhecimento, pois as habilidades lógicas e analíticas (as chamadas funções do cérebro esquerdo) que os tornaram bem-sucedidos estão diametralmente opostas às habilidades de assumir riscos, que são as capacidades imaginativas e colaborativas (as chamadas funções do cérebro direito), as quais são necessárias para experimentar novas ideias, caminhos e até mesmo relacionamentos. No âmago, está o medo da vulnerabilidade.

Isso leva à experiência do "desespero apesar do sucesso". O psiquiatra existencialista Viktor Frankl reflete sobre um estudo no qual os graduados da Universidade de Harvard foram pesquisados após vinte anos, observando que o sucesso (validado externamente) não se correlacionava diretamente com a satisfação de vida (FRANKL, 2011). Eram advogados e médicos que tiveram sucesso tanto em sua vida profissional quanto na vida conjugal. Todavia, eles reclamaram que suas vidas "eram inúteis e sem sentido". Os existencialistas afirmaram que alcançar o sucesso na forma validada pela sociedade não é uma condição suficiente para alcançar um propósito saudável na vida. Cumprir as normas da sociedade sem investir todo nosso potencial e nossas habilidades em nossos esforços trará desespero. Por outro lado, se formos capazes de descobrir uma vocação que seja particularmente adequada, experimentaremos a realização. Voltaremos à vida vocacional (em contraste com o equilíbrio entre trabalho e vida pessoal) no Capítulo 10.

O SONHO SECRETO DO PROFISSIONAL DE ALTO DESEMPENHO

Então o que você escolhe como carreira quando um milhão de dólares foi investido em sua educação? Apesar de ter passado 24 anos de minha vida na educação, em algumas das instituições de elite mais importantes do mundo, senti que não era suficiente. Na época em que tinha passado por vários obstáculos profissionais, incluindo um mestrado, um doutorado e várias outras qualificações profissionais, eu estava confusa. Por que mais metas se acumulavam? Certamente não era tão difícil ajudar as pessoas, afinal foi por isso que entrei na Medicina, pesquisa e saúde da população.

Eventualmente, me veio à mente: as metas nunca parariam de se acumular. Era exatamente como o sistema funcionava. Foi aí que tomei a decisão de parar de correr atrás delas e confiar que a vida me mostraria para onde ir a seguir. Meu filtro da realidade mudou — eu via com mais clareza — e assim minhas decisões pareceram contraintuitivas. Afinal, o que eu sempre quis foi um senso de realização, mas precisava abandonar a necessidade de validação e realização primeiro. Eu também precisava deixar para trás a necessidade de certeza e estar disposta a assumir mais riscos, o que foi um ponto de inflexão, como mencionado anteriormente. Foi aí que as coisas se encaixaram. Oportunidades surgiram no meu caminho e pude fazer um trabalho que realmente amava com as Nações Unidas por um período. Eventualmente, encontrei meu caminho para a independência ao estabelecer meu próprio negócio de coaching e consultoria transformacional.

Aprendendo com o Paradoxo do Alto Desempenho

A experiência do profissional de alto desempenho pode iluminar o custo do sucesso por fora, mas por dentro permanece a sensação de aprisionamento. É um fenômeno cultural que precisa evoluir se quisermos aproveitar o melhor de nossas capacidades humanas a serviço de algo além de nossos medos e necessidades básicas. Estamos correndo o risco de sofrermos de burnout, especialmente se acreditarmos no mito da meritocracia e que nosso sucesso é definido por nós mesmos, ou se não compreendermos a mecânica mental do fenômeno do impostor. Enfrentamos o dilema do sucesso assim como na roda do hamster de nossas vidas, às custas de uma sensação de paz, felicidade e realização profunda. Alguns dos paradoxos que descobrimos neste capítulo são:

- a necessidade de validação e significado ao mesmo tempo em que dispensa elogios;
- a necessidade do próximo desafio, apesar de se sentir cansado ou sobrecarregado;
- a necessidade de mais qualificações/credenciais/formação, apesar de ter bastante;
- o medo do fracasso, apesar de um histórico de sucesso;
- a felicidade não por causa do sucesso, mas apesar dele.

A única maneira que conheço para solucionar o Paradoxo do Alto Desempenho é desenvolver a consciência em torno dos padrões de pensamento e comportamentos que o definem e depois transformar as suposições implícitas. Da mesma forma, para romper com uma identidade que nos aprisiona (incluindo uma que é reforçada pelo meio ambiente), temos que investigar as crenças e suposições que a criaram. Nem sempre é fácil — e você pode se envergonhar quando enxergar de forma mais clara o efeito de alguns de seus padrões — mas é o esforço mais valioso que eu conheço.

MUDANDO DE PERSPECTIVA: O CAMINHO DO PROFISSIONAL DE ALTO DESEMPENHO EM RECUPERAÇÃO

Não há nada como uma experiência de quase morte para colocar as coisas em perspectiva. Mas não há necessidade de ir a esse extremo. Bronnie Ware, uma enfermeira de cuidados paliativos que cuidava de pessoas com doenças terminais, documentou os arrependimentos que as pessoas tinham enquanto se preparavam para o fim (STEINER, 2012):

1. Gostaria de ter tido a coragem de viver uma vida verdadeira para mim mesmo, não a vida que os outros esperavam de mim.
2. Gostaria de não ter trabalhado tanto.
3. Gostaria de ter tido a coragem de expressar meus sentimentos.
4. Gostaria de ter permanecido em contato com meus amigos.
5. Gostaria de ter me permitido ser mais feliz.

Note que nenhuma destas foi incluída: "Gostaria de ter trabalhado mais" ou "Gostaria de ter tido mais sucesso".

Assim como quando você vai ao médico, uma vez que a causa raiz do problema é diagnosticada com precisão, uma intervenção é mais eficaz. Caso contrário, o tratamento será em grande parte sintomático ou até piorará as coisas. Você percebe como tem se retraído e começa a se recusar a continuar sacrificando quem você realmente é em prol de quem você acha que deveria ser. Felizmente, a sabedoria transformacional e as metodologias como a atenção plena e o coaching estão se tornando cada vez mais comuns e parece haver uma crescente conscientização nas áreas organizacionais sobre a importância do bem-estar dos funcionários e da sustentabilidade. Isso está começando a se traduzir em algumas mudanças na forma como as empresas operam. Um exemplo é o trabalho sobre segurança psicológica (EDMONSON, 2018), ao qual voltaremos na Parte Três.

Para nós, como indivíduos e de uma perspectiva humanística, a boa vida não é o mesmo que realização (WINSTON, 2015). A boa vida é um processo, não um estado fixo ou um lugar a se chegar.

Agora que você tem uma base sólida no contexto e ciência das identidades, entraremos no trabalho transformacional.

PARTE DOIS

Libertando-se da Armadilha do Sucesso

CAPÍTULO 4

Orientação por metas vs. fluxo criativo

Agora que você sabe o que é a Armadilha do Sucesso e as várias maneiras como ela pode se expressar na vida e na carreira das pessoas, como você se liberta dela? Neste capítulo, analisaremos a alternativa para a vida da "Armadilha do Sucesso", orientada por metas. Exploraremos a ideia de criatividade; não como uma atividade artística, mas como uma forma de viver e se envolver com o mundo.

A criatividade pode lhe dar uma vantagem no ambiente de trabalho. Em 2020, uma grande pesquisa com 660 milhões de perfis profissionais descobriu que a criatividade era a principal habilidade comportamental que as empresas valorizam na seleção de talentos (SEVILLA, 2020). A criatividade também é valorizada por líderes organizacionais. A IBM, uma empresa que se reinventou com sucesso apesar da feroz competição da Apple, refere-se à criatividade como a razão pela qual empresas ágeis criam e sustentam um alto retorno sobre o investimento (ROI). Sua pesquisa global com 1,5 mil CEOs (IBM, 2010) constatou que os líderes consideraram a criatividade como a qualidade mais importante para a liderança.

A prisão da vida orientada por metas

Sempre acho um tanto trágico que, apesar de vivermos em uma cultura essencialmente orientada por metas, os psicólogos sabem muito bem que nós, humanos, somos péssimos em prever o que nos fará felizes (GILBERT, 2006). Mesmo que vivenciemos uma sensação de realização ao atingir uma meta, ela nunca dura por muito tempo. É o anticlímax de terminar um grande projeto ou finalmente se casar: você se encanta por um período, mas rapidamente volta ao estado de correr atrás de metas. Qual é o *próximo* grande projeto; o *próximo* passo em seu relacionamento? Com uma vida orientada por metas, podemos facilmente viver em um abismo perpétuo entre onde estamos e queremos chegar, sem nunca alcançar permanentemente a felicidade ou o sucesso para o qual estamos nos esforçando.

O que há de bom nas metas

Eu não estou me opondo a ter metas em geral. Há muitas evidências de que é importante ter metas e agir em relação a elas. Caso contrário, o que se deseja torna-se apenas uma ideia, e nenhum progresso real pode ser feito. Certamente, faz sentido traçar metas, escrevê-las, agir e ser responsável por organizar seu tempo e energia. Ser responsável perante os outros também é um poderoso catalisador. Um estudo calculou a probabilidade de você atingir suas metas com base na seriedade com que você as encara, dividindo os participantes em cinco grupos:

- Solicitou-se aos participantes do Grupo Um que simplesmente pensassem nas metas que eles esperavam alcançar dentro de quatro semanas.

- Solicitou-se aos participantes dos Grupos Dois a Cinco que escrevessem suas metas.
- Também se solicitou aos participantes do Grupo Três que escrevessem promessas de ação para cada meta.
- Os participantes do Grupo Quatro precisaram escrever metas e promessas de ação e compartilhar essas promessas com um amigo.
- Os participantes do Grupo Cinco foram além, fazendo tudo acima e enviando um relatório semanal de progresso a um amigo.

Os participantes do Grupo Um atingiram 43 por cento de suas metas declaradas. Os participantes do Grupo Quatro atingiram 64 por cento de suas metas declaradas, enquanto os participantes do Grupo Cinco foram os que tiveram mais êxito, com uma média de 76 por cento de suas metas atingidas (GARDNER; ALBEE, 2013).

Portanto, as evidências mostram que ter metas e agir para atingi-las é útil. Mas também sabemos que ficar preso em um ciclo de busca interminável de metas é um elemento significativo da Armadilha do Sucesso: então quando se empenhar para alcançar metas torna-se problemático? A resposta, como muitas coisas na vida, é quando ela se torna uma compulsão e não uma escolha. Quando você não consegue ficar parado por um momento e apenas respirar; quando você precisa fazer algo o tempo todo e sua atenção precisa estar ocupada constantemente; quando isso leva à exaustão e prejudica sua saúde e seus relacionamentos. Poderíamos chamar esse fenômeno de "vício em metas".

Superando o vício em metas

Qualquer vício — desde chocolate e cigarros até o trabalho e o escritório — envolve os centros de recompensa do cérebro. Estas são as partes do cérebro que lhe dizem o que você deve buscar e que liberam uma dose de dopamina prazerosa quando você consegue aquilo que deseja. Toda vez que recebe uma dose de dopamina ao atingir uma meta, seu cérebro se lembra do que você fez para atingir essa meta: ele aprende com a experiência. Logo, não importa o que é necessário fazer para alcançar a meta, você apenas sabe que deseja alcançá-la. Embora não haja uma grande quantidade de estudos sobre processos como a definição de metas ou a realização de metas, é lógico que se você se sente bem consigo mesmo por ter estabelecido e alcançado metas, é algo que você vai querer continuar fazendo. Mais uma vez, não é que a definição de metas seja um problema em si, mas pode se tornar um problema somente quando isso se torna uma forma compulsiva de se comportar à custa de sua saúde e sanidade (ou seja, um vício).

Tony Robbins (2014), o coach de vida e negócios, fala sobre como os vícios são estratégias ruins para atender às nossas necessidades humanas. Se um padrão de pensamento ou comportamento — como a definição de metas — atende três ou mais de suas necessidades, você se torna viciado, e o comportamento se torna compulsivo em vez de uma escolha. A consequência é, naturalmente, que você pode desperdiçar sua energia em metas sem sentido, as quais estão desalinhadas com sua essência e com seus valores mais profundos. Robbins, que se baseia na teoria do psicólogo Abraham Maslow sobre necessidades humanas e motivação (MASLOW, 1943), explica que temos quatro necessidades humanas básicas que devem ser saciadas de uma forma ou de outra. Estas, ele descreve como condições de sobrevivência da personalidade (Tabela 4.1):

1. certeza/segurança;
2. incerteza/desafio;
3. significado;
4. conexão.

Além disso, há duas necessidades maiores que estão mais ligadas à nossa essência do que à sobrevivência:

5. aprendizagem/crescimento;
6. contribuição.

Embora as quatro primeiras potencialmente levem a uma vida satisfatória, são as duas últimas que levam à realização. De acordo com Robbins, se um comportamento como o estabelecimento ou a realização de metas atender a três ou mais de suas seis necessidades humanas, você pode se tornar viciado no estabelecimento ou realização de metas. Como um profissional de alto desempenho, sua capacidade de atingir metas com sucesso significa que é provável que você satisfaça sua necessidade de desafio, significado, conexão (por exemplo, trabalhando com equipes) e segurança (por exemplo, seus chefes o validarão e o recompensarão por isso). Se você gosta de aprender e de fazer a diferença, você também atenderá à sua necessidade de crescimento e contribuição. Portanto, todas as suas necessidades humanas podem ser saciadas porque você é excelente em estabelecer e atingir metas!

TABELA 4.1 Por que a definição de metas pode ser viciante

Tipo de necessidade	Necessidade	A crença/estratégia subjacente para atender à necessidade
Necessidade básica (de sobrevivência)	Segurança	Trabalhar para atingir metas me ajuda a dar segurança para mim e para minha família.
	Incerteza	Correr atrás de metas me mantém ativo e torna minha vida interessante; nunca fico entediado.
	Significado	Atingir metas me dá um senso de realização e o respeito dos outros.
	Conexão	Buscar alcançar metas com outros me dá um senso de conexão.
Necessidade maior (satisfação)	Aprendizagem/ crescimento	Eu aprendo novas habilidades à medida que trabalho para atingir minhas metas.
	Contribuição	Ao estabelecer metas significativas com valor social, eu ajudo os outros.

ESTUDO DE CASO — John

Tomar consciência de como você usa a definição de metas como estratégia para atender suas necessidades permite fazer escolhas mais esclarecidas e deliberadas. Você pode até encontrar maneiras mais saudáveis e diversificadas de atender às suas necessidades.

John atua como executivo em um banco internacional. Suas duas necessidades mais importantes são o significado e a conexão. Ele tenta atender a sua necessidade de significado trabalhando arduamente, o que o leva a trabalhar por muito tempo e a se ausentar em compromissos familiares. Ele é muito eficaz no estabelecimento de metas financeiras e no seu cumprimento para sua organização e de sua família. Ele tenta satisfazer sua necessidade de conexão compartilhando quaisquer dificuldades com sua família: John fala de si mesmo, de seu trabalho e de como este é estressante. Ele perde os eventos escolares dos filhos, e sua esposa reclama que ele não passa tempo suficiente com ela. Ele enfatiza que tem uma responsabilidade e que está fazendo isso por eles. Com o passar dos anos, ele percebeu que seus filhos não se sentiam tão apegados a ele e que sua esposa se tornara distante.

Ele sente que encontrou significado no trabalho, porém está perdendo sua conexão familiar. O que ele poderia fazer?

Uma possibilidade para John, uma vez que ele tome consciência de como está usando o trabalho e a definição de metas para atender suas necessidades de personalidade, é concentrar-se no desenvolvimento de uma melhor estratégia de conexão. O pouco tempo que ele passa com sua família poderia ser dedicado a ouvir sua esposa e filhos e apoiá-los como fosse possível, em vez de falar sobre suas próprias dificuldades, ou tentar consertar problemas, em vez de ouvir de forma atenta. Ele poderia fortalecer e diversificar seu sistema de apoio para incluir um grupo de liderança ou coach executivo, em vez de usar sua família para desabafar sobre seus problemas. Isso permitiria refletir sobre os desafios que ele enfrenta no trabalho e resolvê-los de forma construtiva em vez de simplesmente desabafar. Pode ser que ele também precise administrar melhor seus compromissos perguntando se suas prioridades estão de acordo com seus valores mais profundos. Uma reflexão oportuna e uma mudança de comportamento poderiam salvar seu casamento e sua vida familiar ao mesmo tempo em que apoiariam sua carreira.

TROCA DE COMPORTAMENTOS

Uma maneira de superar um vício é substituir uma estratégia por outra mais saudável e mais alinhada com o que você realmente se importa: trocar um comportamento inútil ou prejudicial por um comportamento mais saudável. Por exemplo, uma estratégia pouco saudável para satisfazer uma necessidade de segurança pode ser um comportamento compulsivo de definição de metas que é guiado por uma crença como: "Se eu atingir essa próxima meta financeira, sentirei que minha família está segura." Uma estratégia mais útil e sustentável para satisfazer a mesma necessidade de segurança pode ser ter uma conversa significativa com sua família sobre o que os ajuda a se sentirem seguros, bem como rever as despesas. Você pode se surpreender com o que vai descobrir, e vai sentir que tirou um peso das costas. Você provavelmente se lembrará do que realmente importa nos relacionamentos e que, mesmo antes, sempre encontrou uma maneira de cuidar de si mesmo e de sua família.

Agora faça por si mesmo (use o modelo da Tabela 4.2). Quais são suas duas necessidades mais importantes na vida? Note que a classificação pode mudar com o tempo:

1. certeza/segurança;
2. incerteza/desafio;
3. significado/respeito;
4. conexão;
5. aprendizagem/crescimento;
6. contribuição.

Qual seria a forma de atender a cada necessidade?

TABELA 4.2 Atendendo às necessidades

Necessidade	Como posso atender a essa necessidade em minha vida?
Certeza/segurança	
Incerteza/desafio	
Significado/respeito	

Conexão	
Aprendizagem/ crescimento	
Contribuição	

Agora pense em um comportamento que você gostaria de mudar. Quantas necessidades atendidas seriam úteis para isso? De que outra forma você poderia atender a essas necessidades que poderia ser mais saudável, mais alinhada e talvez até mais divertida?

Fadiga por definição de metas e recuperação

"Fico muito feliz por você não me pedir para fazer aquela coisa de definição de metas", declarou enfaticamente uma médica após uma conversa inicial de coaching. Como muitos profissionais de alto desempenho, ela sabe como fazer as coisas acontecerem. Os profissionais de alto desempenho são muitas vezes capazes de perceber o que é necessário e estão prontos para fazer o que é preciso. Isso geralmente os torna muito valiosos para suas equipes e organizações. Mas, como já vimos, isso também pode levar à Armadilha do Sucesso, e, consequentemente, ao burnout e à fadiga. A expectativa implícita para muitos profissionais de alto desempenho é que eles devem sempre conhecer suas metas e propósito/visão e que não saber disso significa que algo está errado, e eles precisam descobrir e começar a estabelecer algumas novas metas. Porém, esse não é necessariamente o caso.

Os profissionais de alto desempenho podem subestimar quanto tempo, energia e esforço cognitivo eles despendem ao longo do dia. Eles tendem a tomar o sucesso como garantido e a ver o fracasso como uma anormalidade e não como algo natural na vida humana. Essa cultura de "fazer acontecer" não ajuda esses profissionais e ir em busca do sucesso significa dizer que, muitas vezes, estaremos expostos aos sucessos de outras pessoas, mas não ao caminho e desafios desconhecidos que as levaram até lá, incluindo os "fracassos" necessários para o processo de aprendizado. Portanto, a primeira coisa para se recuperar da fadiga de definir metas é estar ciente do que é realmente necessário para atingir uma meta.

A verdade é que alcançar algo requer muitos componentes, incluindo foco, fracasso e um pouco de sorte. Os Navy SEALs, integrantes de uma unidade de elite da Marinha norte-americana, passam por alguns dos treinamentos militares mais difíceis do mundo. Eles estão muito familiarizados com o que é necessário para atingir uma meta. Seguem os princípios dos SEALs para o sucesso (MURPHY, 2015):

1. Desenvolver resistência mental.
2. Definir (e atingir) micrometas.
3. Visualizar o sucesso e superar o fracasso.
4. Convencer-se de que você consegue.
5. Controlar suas emoções.

Até agora, tudo bem, certo? Mas há um sexto princípio: *descansar e se recuperar*. Esse é o espaço entre as metas, que as pessoas presas em um comportamento orientado por metas podem se esquecer. Sem esse tempo de recuperação, você nunca poderá realmente alcançar seu potencial, pois sua mente não tem tempo para refletir, aprender, integrar e se preparar para o próximo ciclo de atividade. Observe que o item (4) acima pode ser abordado por meio de autoinvestigação e reflexão, e que o item (5) se refere à autorregulação. Abordaremos ambos em profundidade no Capítulo 6.

Se você se sente cansado de definir metas e precisa de alguma ajuda emergencial para diminuir o ritmo e retroceder antes de ter um burnout, siga para o Capítulo 5. Caso contrário, o box a seguir lista algumas ideias rápidas para lidar com a fadiga de definição de metas.

LIDANDO COM A FADIGA DE DEFINIÇÃO DE METAS

1. Tenha menos metas
O conselho de carreira de Warren Buffett para seu piloto foi identificar e focar as cinco principais metas que ele queria alcançar em sua vida. Tudo além das cinco primeiras metas ficou em uma lista de "evitar a todo custo" (OSHIN, s.d.).

2. Use micrometas
Nem sempre é preciso ter grandes metas. Os Navy SEALs conseguem passar pela Semana do Inferno (Hell Week, os dias mais difíceis no treinamento daqueles que querem ingressar no grupo de elite) dividindo-a em pequenas etapas: passar pelo café da manhã, chegar ao acampamento, fazer flexões etc. (CLARINE, s.d.; NAVY SEALS, s.d.).

3. Concentre-se nas experiências e não nas coisas
As experiências incluem aprendizagem, contribuição, conexão. Favoreça-as em relação a coisas como um emprego ou um par romântico; isso significa que você pode criar a experiência a qualquer momento com as oportunidades que você tem ao seu redor.

4. Habitue-se com o desconhecido
Uma mudança significativa requer entrar em território incerto e habituar-se com o desconforto do desconhecido (especialmente se você estiver acostumado a estar no controle!).

De um rígido definidor de metas a um criador em fluxo

Como vimos, uma maneira de superar um vício ou de se livrar de um comportamento prejudicial e inútil é substituí-lo por um comportamento mais saudável e mais útil. Devo enfatizar que o aspecto mais importante da substituição do comportamento é trazer à consciência comportamentos, pensamentos e sentimentos associados a eles, os quais exploraremos no Capítulo 6. Aqui estamos analisando quais possibilidades estão disponíveis para novos comportamentos como um subproduto da expansão de sua consciência e da promessa de mudança. Uma vez que tenhamos escapado da armadilha do vício em metas e nos dado uma pausa da fadiga causada por elas, com o que podemos substitui-la? Acredito que o oposto de ser orientado por metas não é permanecer sem metas; é estar em *fluxo criativo*.

Fluxo

Talvez você reconheça o fluxo como um estado de espírito coloquialmente conhecido como "estar na zona". É o que acontece quando o Paradoxo do Alto Desempenho é resolvido e há um equilíbrio entre foco e flexibilidade. O termo vem do psicólogo Mihaly Csikszentmihályi, em seu trabalho seminal, *Flow: a psicologia do alto desempenho e da felicidade* (2020). Ele observou que as pessoas são mais felizes quando estão em um estado de fluxo, que ele descreveu como um estado de autoconcentração ou absorção completa em uma atividade em que estão envolvidas. Essa é uma diferença vital entre estar em estado de meta e estar em estado de fluxo; no primeiro caso, a tarefa é feita por causa da meta, enquanto, no segundo caso, relaciona-se à atividade por si só.

Você pode ter experimentado um estado de fluxo e notado que o tempo voa, necessidades básicas como alimentos são ignoradas e cada ação, movimento e pensamento se desdobra perfeitamente a partir do anterior. Nesse caso, significa dizer que você está *na zona*. Csikszentmihályi caracteriza nove estados componentes do alcance do fluxo: 1) equilíbrio entre o nível de desafio e o nível de habilidade; 2) fusão de ação e consciência (seu ego ou percepção do "'eu' fazendo alguma coisa" é desligado); 3) clareza de metas no momento (clareza de motivação, priorização, pequenos passos, ausência de conflito interno); 4) feedback imediato e inequívoco; 5) concentração na tarefa que se está realizando; 6) paradoxo do controle (a renúncia ao controle leva a um maior controle); 7) transformação do tempo (ele voa); 8) perda da autoconsciência; e 9) experiência autotélica, que se traduz em uma experiência autossuficiente (FULLAGAR; KELLOWAY, 2009).

Você pode passar de um definidor de metas para um criador simplesmente mudando sua atitude para resultados. Em vez de estabelecer metas fixas e se empenhar para alcançá-las, você pode articular possibilidades e descobrir soluções criativas para os obstáculos que surgirem. Em vez de fazer algo acontecer, você remove os obstáculos para que as ações se desdobrem sem esforço.

Atribui-se ao artista e escultor Michelangelo tal comentário:

> *A escultura já está completa dentro do bloco de mármore, antes mesmo que eu inicie meu trabalho. Ela já está lá, só tenho que esculpir o material supérfluo... Cada bloco de pedra tem uma estátua dentro dele, e é tarefa do escultor descobri-la. Eu vi o anjo no mármore e o esculpi até libertá-lo.*

Em outras palavras, seu ambiente não está lá para ser usado para suas metas. Em vez disso, você pode reconhecer que está envolvido em um processo interativo entre seu ambiente e sua inspiração criativa, como em uma conversa. Em suma: você se envolve com a vida mais como um artista do que como um mecânico.

Mas por que não somos mais ligados a essa forma criativa de se envolver com a vida? Por que a pressão para atingir metas ainda é o modelo cultural dominante de produtividade?

O que é criatividade?

Existem muitas definições de criatividade. A maioria de nós está familiarizada com a ideia de que a criatividade vai além das formas de arte como a pintura ou a escrita, mas pode ser difícil determinar o que ela realmente é. Em um estudo norte-americano sobre criatividade em 2016, ela foi definida como "a capacidade de apresentar ideias originais, pensar de forma detalhada e elaborada, sintetizar informações e ter mente aberta e curiosa" (KIM, 2016). Certo, muito bem... mas o que isso significa para sua vida? Como você pode reconhecê-la e cultivá-la?

Características gerais entre pessoas consideradas criativas em um sentido geral foram identificados no estudo de 2016. Estas incluem:

- **Pensar na visão geral**: pensar de forma abstrata, olhar além dos detalhes concretos da situação atual e buscar novas soluções. Esse otimismo e curiosidade às vezes são vistos como de alguém sonhador e pouco realista.
- **Espontaneidade**: uma tendência a ser flexível e agir rapidamente sobre novas oportunidades, lidando com elas com uma mente aberta e uma perspectiva lúdica, que pode ser impulsiva.
- **Ludicidade**: leveza de coração e um impulso para explorar o mundo, o que pode ser percebido como travessura.
- **Resiliência**: recuperar-se após um fracasso e voltar atrás nos desafios, reorientar-se em novas maneiras de superar as adversidades. Às vezes, isso significa ser combativo.
- **Autonomia**: lutar pela independência em seus pensamentos e ações, confiando na motivação intrínseca para seguir metas. Algumas vezes, tais indivíduos podem parecer fora de controle.
- **Rebeldia**: uma tendência a rejeitar normas e autoridades existentes na busca de suas próprias ideias. Isso permite que você veja o que os outros não podem ver e desenvolva soluções que superam limites, o que pode parecer rebeldia.
- **Correr riscos**: fomentadas por seu otimismo, muitas pessoas criativas estão dispostas a renunciar à segurança em favor de recompensas incertas. Para a pessoa comum, isso pode ser considerado imprudente.

- **Devaneio**: ao terem devaneios, indivíduos criativos são capazes de visualizar novas perspectivas e soluções, mas, ao longo do caminho, algumas de suas ideias podem parecer ilusórias.

Como você pode ver, essas características não são específicas de um estereótipo cultural de uma pessoa "criativa". Elas refletem a capacidade criativa de um modo geral que todos nós temos para enfrentar a vida e seus desafios. Segue uma definição simples de criatividade para os propósitos deste livro: *criatividade é a capacidade de combinar elementos previamente existentes de uma nova maneira*. Tinta ou instrumentos musicais não são necessários. Apenas uma imaginação funcional!

CICLOS CRIATIVOS

Uma coisa em que os cientistas parecem concordar é que a criatividade é um processo e não algo intrínseco à personalidade. Assim, uma ideia brilhante ou solução para seu problema, em geral, vem após um período de incubação (RITTER; DIJKSTERHUIS, 2014). Tal prática, ao que parece, tem quatro etapas:

- preparação (aquisição de conhecimento sobre alguma tarefa);
- incubação (processo que ocorre quando a atenção consciente é desviada da tarefa);
- iluminação (surge a ideia criativa);
- verificação (a ideia criativa é sujeita à avaliação). (WALLAS, 1926)

Em outras palavras, a ideia brilhante, que pode ser um insight sobre seu próximo passo em relação a um trabalho dos sonhos ou sua grande missão na vida, vem depois que você reuniu informações e parou de focar para encontrar a resposta (RITTER; DIJKSTERHUIS, 2014).

Como você pode intuir, esse processo exige que você fique bem "sem saber" por um tempo enquanto permanece no período de incubação, em que os elementos que você reuniu estão se recombinando com o conhecimento e experiência já armazenados em seu subconsciente.

Como o período de incubação da criatividade requer um abrandamento das atividades externas, ele pode entrar em conflito com a cultura moderna na qual você precisa estar constantemente fazendo algo. Temos que fazer um esforço consciente para criar alguma paz e tranquilidade.

Momentos "Ahá!" são associados a ondas alfa e ocorrem quando estamos menos ativos mental e fisicamente. As ondas cerebrais alfa são mais lentas e de maior amplitude do que as ondas beta, que ocorrem quando estamos totalmente alertas e envolvidos em atividades de rotina e conversas. Você experimenta ondas alfa quando descansa ou reserva um tempo para refletir ou meditar (SCIENTIFIC AMERICAN, 1997). Prazos iminentes e forçar a barra para dar conta do que precisa ser feito podem ser prejudiciais ao seu gênio interior, enquanto o descanso, o exercício e o devaneio ajudarão a gerar ideias.

Fluxo criativo na prática

Em 1661, o filho de um agricultor foi admitido na Universidade de Cambridge para estudar. Um surto da Peste Bubônica forçou-o a voltar para casa até que a doença diminuísse. Um dia, enquanto estava próximo a um pomar, ele notou uma maçã cair no chão e se perguntou por que ela caiu em linha reta. Naquele momento, não em uma biblioteca, não em um auditório e certamente não na frente de um computador, Isaac Newton teve uma visão que o levou a uma ideia. Ele formulou todo um novo sistema de pensamento e transformou nossa compreensão do mundo físico: a gravidade.

Embora nós não compreendamos na totalidade a Psicologia Social que explica as origens das grandes ideias, existem muitas histórias de inspiração como essa. Newton é um exemplo famoso. Outros incluem o momento *eureca* de Arquimedes, que aconteceu no banho. Albert Einstein escreveu seus trabalhos mais famosos sobre a teoria da relatividade fora dos limites da academia. Ele não era considerado suficientemente bom para um cargo acadêmico na época e trabalhava em um escritório de patentes, e teve um pedido de promoção negado porque seus chefes achavam que ele não entendia bem a tecnologia! O beatle Paul McCartney criou a famosa música *Let it Be* após sonhar que sua mãe, que havia morrido de câncer quando ele tinha 14 anos, o visitava e tranquilizava dizendo: "*Vai ficar tudo bem. Que assim seja...*" (MCCARTNEY, 2019). É um tema recorrente: as melhores ideias parecem surgir em momentos inesperados ou em situações inusitadas quando não se está hiperfocado em fazer o que precisa ser feito ou resolver um problema.

Provavelmente você mesmo já teve a experiência de ter um problema para o qual você passou algum tempo tentando descobrir uma solução em vão, até que a solução lhe ocorreu quando você estava fazendo algo completamente diferente. Com isso, você para um momento e pensa: "Ahá! É isso!" Desse modo, pode ser que você não pense em si mesmo como uma "pessoa criativa", mas naquele momento você estava sendo criativo, assim como Newton, Arquimedes, Einstein e McCartney. O processo psicológico era o mesmo.

Como podemos desenvolver essa criatividade e acessar essa capacidade de forma mais intencional? O ingrediente-chave é preocupar-se menos com o que os outros pensam de você, desligando sua crítica interna e abandonando a ansiedade (JACOBS, 2017). Se você for duro e crítico consigo ao tentar encontrar uma solução, sua criatividade será sacrificada. Mas o fluxo vai além do problema da dura crítica interior. Ele exige, em primeiro lugar, que nos esqueçamos completamente de nós mesmos e abramos caminho para o puro pensamento criativo. Pode imaginar como seria sua vida se suas preocupações com segurança e sobrevivência desaparecessem e você vivesse em fluxo?

Seguem dois princípios-chave, validados pela Neurociência, de tradições de sabedoria antiga, como a atenção plena.

Esqueça o que as pessoas pensam de você (desligue seu eu social)

É quase impossível para os seres humanos não se importarem com o que os outros pensam. Somos animais sociais e temos uma necessidade biológica de pertencimento e conexão, por isso desenvolvemos formas de comportamento que se encaixam: isso nos ajuda a nos sentirmos seguros e conectados. O lado negativo é que essa necessidade de pertencimento e capacidade de agir socialmente pode suprimir nosso pensamento independente e nossa ideação criativa. O que acontece se desligarmos esse instinto de monitorar as opiniões de outras pessoas?

Eadweard Muybridge mudou-se do Reino Unido para os Estados Unidos e abriu um sebo literário de sucesso. Porém, ele sofreu um grave acidente rodoviário que resultou em ferimento na cabeça, na parte frontal de seu cérebro, que o deixou com visão dupla, pensamento confuso e prejudicou seu olfato e paladar. Mas ele também desenvolveu um comportamento excêntrico: o instinto de inibição social em seu cérebro parecia ter sido danificado e passou a não funcionar mais. Por essa razão, ele deixou de se importar com o que as pessoas pensavam! Sendo assim, após contrair tal lesão, sua trajetória profissional mudou, e ele se tornou um fotógrafo mundialmente famoso e pioneiro na fotografia e no cinema.

Pensa-se que a lesão na parte do cérebro responsável pela inibição social liberou a criatividade de Muybridge (SHIMAMURA, 2002). Conclusões semelhantes foram tiradas da imagem dos cérebros de músicos de jazz virtuosos enquanto eles se apresentavam. Os exames de ressonância magnética mostraram que áreas do cérebro relacionadas à aprovação social se desligam enquanto os músicos se apresentavam e que isso levava ao surgimento da atividade criativa espontânea deles: a qualidade de improvisação típica do jazz (LIMB; BRAUN, 2008). Esperamos que você não espere sofrer um dano cerebral, como o Eadweard Muybridge, para liberar quaisquer inibições sobre ser mais espontâneo e, portanto, mais criativo! A consciência é essencial, como continuaremos a explorar no Capítulo 6.

Esqueça o que você pensa de si mesmo (desligue seu eu narrativo)

Todos nós temos narrativas sobre quem somos, bem como sobre o que fazemos em nossas vidas e adoramos compartilhá-las (TAMIR; MITCHELL, 2012). Se repetidas com o tempo, tais narrativas se tornam uma identidade. Podem ser papéis sociais como filha, médica, esposa ou arquétipos como herói/salvador, rebelde, amante. No entanto, a ideia de um "você" fixo é falsa. O eu está em constante mudança e, com a crescente compreensão do cérebro como neuroplástico, sabemos que o aprendizado e a definição de nossos padrões de pensamento e comportamento é um processo vitalício, se assim o quisermos. Então, quem realmente é você além das narrativas associadas a identidades como filha/filho, irmã, especialista, parceira etc.?

Quem você considera como "você" é na verdade uma série de processos e memórias interligadas em sua mente. Até agora, a Neurociência não foi capaz de localizar uma parte isolada do cérebro em que a personalidade é encontrada. Pelo contrário, uma rede de conexões ligando diferentes partes do cérebro cria a experiência de ser "eu", a história do "eu" e as memórias do "eu".

O que é interessante é que a ausência de uma persona coerente foi considerada como uma marca registrada do gênio criativo. Os gênios criativos são mais propensos a exibir comportamentos e tendências contraditórias do que uma personalidade coerente (CSIKSZENTMIHÁLYI, 2013). As pessoas que classificaríamos como gênios em seus níveis de inteligência ou qualidade de produção parecem estar mais interessadas na variedade de processos de pensamento e experiências disponíveis do que em uma personalidade ou identidade fixa.

PRATIQUE A CRIATIVIDADE: VOCÊ ESTÁ COM MEDO OU EM FLUXO?

Seguem algumas sugestões para trazer mais criatividade à sua vida (qualquer que seja a forma que ela possa tomar para você):

1. Mentalidade
   Um criador é o oposto de uma vítima e vê uma variedade maior de escolhas e possibilidades em tudo. Examine, lide e elimine com cuidado todas as desculpas que surgem quando se tenta dar um passo criativo adiante. Pergunte-se: estou com medo ou em fluxo?

2. Estratégia
   Envolva-se em uma atividade criativa todos os dias, seja um hobby ou um método de trabalho mais criativo (reveja as características da criatividade). Identifique o que é repetitivo em seu trabalho e o que se deve modificar, cortar, terceirizar ou delegar durante um período.

3. Ações
   Dê tempo, por mais curto que seja, para ser deliberadamente criativo, colocando um espaço de tempo regular em seu calendário. Inclua: 1) tempo de silêncio (ver Capítulo 5 para formas de fazer isso se sua agenda estiver lotada); e 2) seu esforço criativo de escolha. Crie responsabilidade e recompensa. Busque apoio, se necessário.

Dê espaço para a criatividade em sua vida, e a criatividade virá. Cada vez que algo parecer automático, avalie e faça com que tal prática evolua. Como resultado, você se sentirá mais vivo e poderá também tornar seu trabalho mais interessante.

Criando uma carreira

Seja uma pintura, um emprego ou uma carreira, criar algo a longo prazo é mais uma maratona do que um sprint. Isso pode parecer um problema se uma mudança repentina de circunstância ocorrer inesperadamente — como uma demissão ou doença — e sua conta bancária estiver no vermelho. Para algumas pessoas, uma mudança de carreira na meia-idade pode envolver apenas uma mudança de ambiente sem qualquer transformação mais profunda. Para outras, porém, pode envolver uma reavaliação radical de quem elas querem ser, o equilíbrio que querem experimentar e os valores pelos quais querem viver. Elas estão criando muito mais do que um novo emprego ou carreira. Elas estão sentindo uma mudança de identidade e deixando de lado os padrões de pensamento e atuação que já não lhe servem mais (IBARRA, 2003).

As pessoas que seguem esse tipo de reinvenção passam por seis etapas em um ciclo criativo. É um ciclo que permite espaço para incubação, aprendizagem e "fracassos" à medida que se tomam iniciativas. Seguem as seis etapas:

- **Relaxar**: o mundo pode ser um lugar confuso e assustador. Dê um passo atrás e aumente seu autocuidado. A carga cognitiva reduzida cria espaço mental, reduz a neblina cerebral e a reatividade. No Capítulo 5, nos aprofundaremos mais nisso e em formas de criar espaço em sua vida.
- **Refletir**: agora que você abriu espaço para seu pensamento criativo, reserve um tempo para questionar-se "O que você realmente quer?" e "Quem você quer se tornar como pessoa nesta próxima fase de sua carreira?". Observe os pensamentos e suposições que surgem. Isso pode despertar fortes emoções de medo e empolgação. É aqui que algumas das mudanças mais profundas de perspectiva ocorrem, dessa forma, crenças limitantes antigas e pressuposições são postas em xeque. Discutiremos um processo específico para fazer isso (autoinvestigação) no Capítulo 6.
- **Liberar**: à medida que você permite uma investigação mais profunda de seus pensamentos, é provável que ocorra um insight. Você se chocará com algo que talvez esteja pesando ou atrasando você, pode ser algo emocional. Você também pode sentir uma onda de energia que foi aprisionada

por uma crença limitante. No Capítulo 6, procuraremos maneiras de ajudá-lo a permanecer calmo e com clareza enquanto você passa pelo ciclo de mudança.

- **Reconectar**: à medida que você se libertar das velhas expectativas e padrões, novas ideias e pensamentos surgirão. A neblina se dissipará e seu gênio interior despertará novas ideias. De forma prática, conseguirá esclarecer quais pessoas, lugares e hábitos se alinham a você. Você se conectará com sua visão mais profunda e com seus valores.
- **Responder**: aqui, você está bem-preparado para a ação. Você pode se sentir motivado e inspirado a enviar um e-mail, um CV ou finalmente pedir demissão e seguir em frente. Uma estratégia flexível implementada em etapas pequenas e consistentes é a melhor. Analisaremos algumas ferramentas para capturar suas novas ideias e ações em torno de seu propósito e missão no Capítulo 7.
- **Receber**: esta é a mais difícil para os profissionais de alto desempenho, pois pode ser percebida como passividade. Mas não é. Aprenda a ser paciente e confie na jornada e celebre seus esforços.

Naturalmente, é mais fácil falar de um trabalho profundo como esse do que o fazer, e as pessoas podem ficar e ficam presas em vários estágios do ciclo (Tabela 4.3).

TABELA 4.3 Ciclo criativo

	Principais ações necessárias	O que pode mantê-lo preso
Relaxar	Organização radical (de sua mente e do ambiente) e um tempo reservado ao silêncio.	Medo do tédio. A maioria das pessoas têm dificuldade para relaxar e acham que precisam sempre estar ativas
Refletir	Perguntas eficazes que desafiam as suposições pré-existentes. Aprender com o passado e fazer um balanço	Análise excessiva. Responder intelectualmente e não com o coração, de maneira espontânea.
Liberar	Estar com emoções intensas e deixar que elas completem seu curso (por exemplo, angústia pela perda de um emprego).	Resistência a experimentar sentimentos.
Reconectar	Capturar novas ideias, valores, missão ou propósito.	Indecisão e tentativa de aperfeiçoar um plano. Sobrecarregar-se com o panorama geral que você descobriu.
Responder	Testar novas ideias. Seguir pequenos passos. Tomar uma decisão ousada quando necessário.	Medo de falhar. Assumir muitas coisas
Receber	Paciência, comemoração, deixar fluir o resultado e seu tempo exato.	Necessidade de controlar o resultado e o tempo.

É perfeitamente possível recriar sua carreira uma vez, até mesmo duas ou três vezes (MEISTER, 2012), e você não precisa passar pelo processo sozinho. Mentores, guias e comunidades de apoio que estão alinhados com seus valores podem tornar o processo muito mais fácil, embora você ainda tenha que se dedicar e estar seguro de si.

MICROCICLOS E MACROCICLOS

A duração de um único ciclo criativo varia bastante. Uma grande ideia pode se desdobrar ao longo de alguns momentos ou de toda uma vida. É claro, dentro de cada ciclo maior (macro), há ciclos menores (micro). Ao "falar de metas", podemos falar de projetos menores dentro de projetos maiores. Ao contrário das metas, no entanto, o ciclo criativo não se trata de alcançar algo externo, mas de expressar algo interno — uma ideia, uma visão, uma missão — e intuir a próxima ação sem forçá-la.

AGENTES E ASSASSINOS DA CRIATIVIDADE

Você provavelmente já notou que há momentos, lugares, pessoas e hábitos que o ajudam a pensar fora da caixa e a se abrir a novas ideias e possibilidades. Todavia, o conjunto anteriormente citado também pode diminuir essa qualidade de abertura a novas ideias.

Por exemplo, os impulsionadores da criatividade podem incluir devaneios, a natureza, estar no chuveiro, estar de férias, ouvir música (estes ativam ondas alfa que estão associadas à criatividade). Entre os assassinos da criatividade podemos incluir prazos estressantes, pessoas excessivamente críticas ou negativas, falta de sono ou excesso de álcool.

O que o ajuda a ter grandes ideias? Quais são os momentos, pessoas, lugares e hábitos que apoiam ou prejudicam sua capacidade de encontrar soluções criativas?

A conclusão: você não é uma máquina

Muitos de nós crescemos em uma cultura na qual a criatividade era subvalorizada. Esse não parece ser um caminho para um emprego estável e uma vida feliz. A produtividade se equiparou à automação e à eficiência em vez de se equiparar à inovação e à espontaneidade.

Nosso cérebro foi moldado para atender às necessidades de uma economia do conhecimento industrial, que apoia a produção em massa, situação que tem muito a ver com o processamento de informações e com a solução lógica de problemas.

Mas os humanos precisam de tempo e espaço para pensar melhor. Geralmente é durante o descanso, diversão ou tempo na natureza que uma ideia genial surge; não enquanto você se encontra hiperfocado na coleta de informações ou na solução de problemas. Acredito que a solução dos problemas complexos do século XXI exige que abandonemos o maior mito de produtividade de todos: que a produtividade semelhante à de uma máquina é mais valiosa do que a criatividade genial. Os seres humanos ainda são capazes de ser mais inovadores, adaptáveis, empáticos e empreendedores do que as máquinas, o que significa que pode haver uma rica recompensa para aqueles que dão espaço a sua ideação criativa espontânea.

A seguir, exploraremos como diminuir o ritmo e criar espaço, mesmo que você tenha uma vida ocupada e grandes responsabilidades.

CAPÍTULO 5

Diminua o ritmo para acelerar

É difícil estabelecer uma nova carreira e vida se você estiver sobrecarregado. Neste capítulo, olharemos para a primeira parte do ciclo criativo: relaxar. Diminuir o ritmo para acelerar é um princípio que aprendi quando comecei a trabalhar: ele me ajudou a tomar decisões fora dos meus padrões habituais de pensamento e comportamento.

ESTUDO DE CASO — Dea

Quando Dea me contatou, ela havia recém dado um salto na carreira, mas sentiu que poderia estar em risco de estar sofrendo com o burnout. Uma premiada especialista em marketing na indústria farmacêutica, ela havia acabado de se demitir de seu exigente trabalho. Dea queria dedicar mais tempo ao trabalho com o qual se sentia mais alinhada e ter mais equilíbrio. As preocupações financeiras eram menos proeminentes nessa fase de sua carreira, e ela queria voltar a expandir sua clínica de saúde holística. Mas ela tinha o hábito de nunca ficar parada, migrando de um projeto para o outro e colocando as outras pessoas em primeiro lugar.

Uma coisa era clara para mim: ela precisava de uma boa dose de autocuidado. Ela também precisava de algum espaço para lamentar o fim de uma era. Porém, Dea acreditava que precisava continuar. Ela acreditava que não podia decepcionar outras pessoas e que devia responder instantaneamente às demandas. Ao nos aprofundarmos nas crenças em torno da entrega excessiva e do fazer muito às custas de sua própria saúde e bem-estar, descobrimos que ela estava se prendendo a uma ideia singular e prejudicial que alimentava seu estresse: *não faz mal fazer coisas que não me agradam.*

Ao explorarmos isso durante dois ou três meses, ela começou a acreditar que estava tudo bem não responder imediatamente às solicitações e até mesmo dizer "não" a solicitações que ela não podia ou não queria atender. A liberdade e a alegria que ela sentiu fez diferença na forma como se apresentava em reuniões e relacionamentos. Após algumas semanas restauradoras, ela tinha muito mais energia; e lhe foi oferecido um cargo de consultoria em meio período em uma empresa altamente solidária, o que lhe permitiu ser paga para fazer o trabalho que ela gostava, ao mesmo tempo em que tinha espaço para ampliar sua clínica de saúde holística e desfrutar de retiros em lugares remotos com sua comunidade de profissionais de saúde.

A toxicidade da urgência constante

A maioria das pessoas não possui consciência de quão rápido estão indo em suas vidas. O que as pessoas muitas vezes percebem é o impacto causado: estresse, sobrecarga, reclamações, saúde precária etc. Antes que percebam, mais um mês, um ano ou uma década já se passou. Se elas acordam para o fato de que estão indo muito rápido para seu próprio bem, não acreditam necessariamente que podem fazer muito a respeito disso. Mas, primeiro, como você sabe que está indo rápido demais? Você pode ter:

- uma mente sobrecarregada: pensamentos fora de controle, preocupação e ansiedade sobre o futuro, arrependimentos sobre o passado;

- um corpo sobrecarregado: tensão, cansaço, não conseguir relaxar, não conseguir dormir, problemas de saúde.

Você também pode notar que sempre chega atrasado; sempre inventa desculpas em que não acredita; e seus filhos e entes queridos ficam constantemente decepcionados. O mais importante é que você reduz o autocuidado e tenta fazer mais criando um estado de frenesi.

O que ser sobrecarregado faz a você?

- Acaba com a sua criatividade: adeus ideias brilhantes e resiliência.
- Impede você de aproveitar o momento e aquilo que já tem.

A solução? Chegou a hora de diminuir o ritmo e criar espaço. Isso pode parecer um pouco contraintuitivo, pois seu instinto é continuar correndo na esteira. Mas você sabe, lá no fundo, que não vai a lugar nenhum.

Se você sente que sua energia está dispersa ou distribuída demais, é provável que seu foco esteja dividido; você tem muitas exigências que o puxam em direções diferentes. Se você não tiver cuidado, isso o levará à exaustão e ao burnout. Neste mundo VUCA de ritmo rápido e urgente, permitir-se diminuir o ritmo é provavelmente a coisa mais gentil e sábia que você faria a si mesmo. Correr em um frenesi tentando fazer as coisas acontecerem é muitas vezes uma tentativa de manter tudo sob controle. Contudo, tememos que, se pararmos por um momento, tudo venha a desmoronar. Muitos de nós vivemos assim todos os dias, acreditando em um ou mais destes pensamentos:

- Eu não tenho tempo para mim mesmo.
- Se eu não estiver estressado, como conseguirei fazer as coisas?
- Eu não posso decepcionar as pessoas.
- Se eu parar, algo dará errado.

- Se eu parar, perderei tempo.
- Eu não quero ser preguiçoso.
- Etc.

O problema é que ir muito rápido é contraproducente. Primeiro, a qualidade de seu pensamento diminui. Em segundo lugar, suas reservas de energia não são reabastecidas adequadamente. Um senso de urgência pode se instalar, e um ciclo vicioso é criado. Quanto mais rápido você vai, mais sobrecarregado você se sente; quanto mais sobrecarregado você se sente, mais rápido você vai... até que uma crise se instale.

OS BENEFÍCIOS DA SLOW CULTURE

Uma pesquisa com 1,5 mil líderes mostrou que a complexidade crescente em um mundo veloz era seu maior problema. Uma compreensão mais profunda dos problemas, desapegar de modelos de negócios ultrapassados e pensar de forma mais criativa foram suas soluções favoritas (IBM, 2010). Algumas organizações parecem estar reconhecendo que, para parar de apagar incêndios e operar de forma mais sustentável, é melhor diminuir o ritmo (MCGUIRE; TANG, 2011). Ao trabalhar com as melhores equipes, os líderes da McKinsey & Co. descobriram que ser rápido não era a resposta para mais produtividade, mas como tal prática tornava as coisas mais complexas, consumia mais energia e, na melhor das hipóteses, só resolvia parcialmente alguns dos problemas enfrentados pela equipe. Eles descobriram que, quando as melhores equipes reduziam a velocidade, elas eram capazes de se aprofundar nos desafios que enfrentavam e alcançar suas metas mais rapidamente. Tais equipes passaram a lidar mais efetivamente com o aumento da complexidade e obstáculos usando menos energia (CHANG; GROENEVELD, 2018).

Como criar espaço

No capítulo anterior, olhamos para o fluxo com ciclos criativos em vez de nos pressionarmos para atingir metas. O primeiro estágio do ciclo criativo foi o de *relaxar*: então analisaremos algumas maneiras práticas de fazer exatamente isso.

HALT- *Hungry* (fome), *Angry* (raiva), *Lonely* (solidão) e *Tired* (cansaço) – pressupostos para aumentar seu autocuidado

Quando se está sobrecarregado e ocupado, o autocuidado é muitas vezes a primeira coisa a se fazer. Você está concentrado em fazer o que precisa ser feito e certificar-se de que todos estejam recebendo cuidados enquanto sua alimentação, exercícios físicos e sono ocupam o segundo lugar. Mas, como vimos no Capítulo 3, em uma emergência em um voo, você é aconselhado a colocar sua máscara de oxigênio em primeiro lugar antes de ajudar outra pessoa. Você não tem utilidade para ninguém se não conseguir pensar corretamente por conta da hipóxia. É lamentável que a maioria das pessoas espere por uma crise ou burnout antes de atentar-se ao seu autocuidado (MACKIAN, 2002). A abordagem mais saudável é aumentar seu autocuidado, e não o sacrificar, pois o seu desempenho ideal anda de mãos dadas com ele: pergunte a qualquer atleta de alto rendimento ou cantor.

As coisas básicas que o mantém saudável são: sono, boa alimentação e exercícios físicos. Uma das ferramentas mais poderosas para começar a cortar a sensação de estar sobrecarregado é a sigla HALT: você sente fome (*Hungry*), raiva (*Angry*), solidão (*Lonely*) ou cansaço (*Tired*)? Essa é uma ferramenta de autocuidado e autoconsciência para garantir que você não tome decisões em um estado de julgamento turvado (ZOMERLAND, 2014).

Faça amizade com o tempo

Você já notou como o tempo parece passar mais rápido quando você se diverte ou parece mais lento quando você está entediado? O que pensamos e sentimos em qualquer momento muda nossa experiência: até mesmo nossa percepção do tempo. O tempo psicológico é aquele em que imergimos quando nossa mente revisita memórias passadas ou começa a pensar no futuro (TOLLE, 2019). Se você for pego se arrependendo do passado ou tiver uma constante ansiedade sobre o futuro, você estará preso no tempo psicológico, em oposição ao tempo físico ou "real", cuja medição se dá por um relógio, visto que os momentos em que você está pensando ou já se passaram ou estão por vir.

A melhor maneira de fazer amizade com o tempo é permanecer no momento presente, notando se sua mente salta para o passado ou presente, e se ela o desconecta do tempo real. Isso está no cerne da atenção plena. Como diz o ditado da tradição Zen: *Se não agora, quando?* Ao prestar atenção ao que está no presente (em vez de se perder em proliferações de pensamentos sobre o passado ou o futuro), você lida com a realidade (não sua ansiedade em relação a ela). A partir daqui, é mais fácil para sua mente ajudá-lo e apresentar ideias sensatas para lidar com o que for relevante no momento. Se você entender esse princípio, poderá começar a experimentar o fluxo e fazer mais com menos esforço.

Produzir mais em menos tempo?

Em 2018, uma empresa de serviços financeiros iniciou um período experimental de quatro dias úteis, mantendo a remuneração de seus funcionários (FOURDAYWEEK, 2020). Ela colaborou com pesquisadores para examinar o impacto e informou que os funcionários tiveram mais equilíbrio entre trabalho e vida pessoal, por consequência, menos estresse. A Microsoft testou a iniciativa em seus escritórios no Japão e constatou que as semanas reduzidas levaram a reuniões mais eficientes, trabalhadores mais felizes e aumento da produtividade em quarenta por cento (PAUL, 2019). Embora essas sejam descobertas iniciais de uma intervenção no ambiente de trabalho, elas coincidem com o que sabemos sobre o estresse excessivo. O estresse reduz a produtividade das pessoas em vez de melhorá-la, mais que isso, estima-se que custará bilhões de dólares às organizações (BOLDEN-BARRETT, 2019).

O princípio-chave na gestão do tempo é que *não existe isso de gestão do tempo: é tudo gestão de escolha.* Uma relação saudável com o tempo vem da desaceleração e da priorização. Ao ter consciência de onde você investe sua atenção, sua energia começa a parecer mais fluida e menos dispersa. Até que as velhas atitudes industriais para se adaptar ao século XXI e as semanas de trabalho de quatro dias se tornem a norma, seguem alguns princípios que podem funcionar para você fazer mais em menos tempo:

1. Pausar
   Este é um movimento contraintuitivo se você estiver no meio do caos; o padrão muitas vezes é continuar quando as coisas estão complicadas. Da próxima vez que você se sentir preso a uma tarefa que lhe exige muito, dê um passo atrás e respire fundo. Agora você tem a oportunidade de perguntar: *o que é realmente necessário neste momento?*

2. Dividir
   Mudar de uma tarefa para outra extenua sua atenção e energia. Tal prática se denomina multitarefa, mudança de tarefa ou mudança de contexto e exige tempo (BUSER; PETER, 2011). É por isso que listas de tarefas desordenadas não são a melhor ferramenta para a organização. Uma coisa que você pode fazer é agrupar suas tarefas sob diferentes títulos, como saúde, casa, relacionamentos, trabalho criativo,

administração etc. Isso permitirá que você se concentre em uma área de atividade e minimize o esforço necessário para mudar de uma tarefa para outra. Você também pode dividir suas tarefas em grupos para as horas do dia que funcionam melhor para você, por exemplo, pensamento criativo pela manhã ou administração em um domingo.

3. Priorizar (tenha uma lista de "não fazer")
   Se você sente que está constantemente apagando incêndios, provavelmente está fazendo muitas coisas que parecem urgentes, mas que não são importantes ou relevantes (COVEY, 2017). Para isso, eu recomendaria uma lista do que "não fazer". Junto à lista de tarefas, comece a mover tarefas de sua lista de tarefas para sua *lista de não fazer*. No Capítulo 8, você poderá fazer uma auditoria energética para ajudá-lo a ganhar mais clareza e priorizar as coisas que lhe dão energia e abandonar as coisas que sugam sua energia. Costumo recomendar concentrar-se apenas em uma meta principal de cada vez, dando toda a sua atenção a uma única tarefa.

4. Comprometer-se
   Muitas pessoas querem "aumentar sua confiança". O truque, porém, é que a confiança é um *subproduto da ação*. A confiança não é um pré-requisito para agir. O comprometimento e um pouco de coragem são muito mais valiosos do que esperar que a confiança elusiva surja. Se você estiver com problemas relacionados à autoconfiança, em vez disso, tente se concentrar em se comprometer com uma pequena ação: quer *se sinta* confiante ou não. Pare de pensar demais: comece a agir.

5. Automatizar e delegar
   Qualquer tarefa repetitiva pode ser automatizada. Em outras palavras, você pode criar um sistema que não requeira seu

tempo de tomada de decisão. Isso reduz sua carga cognitiva e libera sua mente e energia para fazer as tarefas que só você pode fazer. Qualquer tarefa que possa ser feita de forma melhor ou mais rápida por outra pessoa, pode ser delegada. Não precisa ser complicado: muitos líderes, como Steve Jobs ou Barack Obama, reduziram a carga cognitiva e o tempo de tomada de decisões, minimizando suas decisões de vestimentas e usando um traje padrão! O que pode ser padronizado, automatizado ou delegado em sua vida?

6. Concentrar-se

   Uma coisa é ter uma variedade de grandes ideias chegando até você; outra é sustentar energia suficiente para a implementação delas durante um período. Em um mundo VUCA com distrações sempre crescentes, a prática do foco lhe dará uma vantagem real (NEWPORT, 2016). Uma vez que você tenha organizado suas tarefas, resista à tentação de fazer muito de uma só vez. Separe em partes. Dê um pequeno passo de cada vez.

7. Parar

   Às vezes, você fracassará no trabalho ou em casa. Tudo bem. Se não se permitir que isso aconteça, você passará mais tempo preocupando-se em acertar as coisas (o também chamado perfeccionismo) e menos tempo concentrando-se na tarefa atual (DUFU; STEINEM, 2018).

Se tiver que escolher apenas uma coisa, medite

Muitas pessoas acham que não conseguem meditar. Mas se você conseguir ficar quieto e concentrar-se em poucas respirações percebendo seus pensamentos correntes e batimentos cardíacos, então você meditou. Se você não consegue reservar dez minutos por dia para ficar quieto e respirar porque está sempre tentando lidar com um problema, isso significa que, nas palavras de Tony Robbins: "Você não tem um *problema*. Você não tem uma vida!" Isso não quer dizer que são necessárias apenas algumas respirações para desenvolver e estabilizar um estado de espírito calmo, claro e aberto (atenção plena). Mas você tem uma ferramenta simples. Alguns minutos por dia podem transformar sua qualidade de vida. Dê uma olhada no Guia de Meditação para Céticos de Dan Harris (HARRIS; HAPPIFY, s.d.), baseado em evidências.

A meditação foi chamada de a próxima revolução da saúde pública (HARRIS, 2014). Ela tem muitos benefícios. Estudos de imagem cerebral mostraram que ela fortalece a parte mais avançada do cérebro em termos evolutivos (o neocórtex) e comprime as áreas reativas de foco em sobrevivência (a amígdala no cérebro médio). A meditação *literalmente* muda seu cérebro (IRELAND, 2014). As pessoas que praticam mindfulness por apenas oito semanas relatam melhor atenção, memória e bem-estar geral (FRIETSCH, 2016).

O que exatamente é a meditação? Bom, é uma ferramenta para cultivar uma mente saudável, que possa ver claramente e que não se perca em uma complexidade psicológica. O fruto da meditação é a atenção plena, ou seja, a consciência do que está acontecendo dentro de você a cada momento, e a capacidade de se relacionar com isso de forma paciente, sábia e com compaixão, em vez de cultivar arrependimentos sobre o passado ou ansiedade sobre o futuro. É uma grande ferramenta para passar por um ciclo criativo, haja vista que, ao trazer consciência para sua experiência no momento, você é capaz de ver novas possibilidades e se libertar de velhos padrões de pensamento e comportamento que o impedem de explorar seu profundo potencial.

No próximo capítulo, veremos como usar essa capacidade (mindfulness) para trazer consciência a seus pensamentos e emoções, a fim de transformar suas crenças limitantes e de alcançar o desconhecido. Como a maioria das pessoas acha difícil ficar quieto e meditar, abordaremos alternativas complementares à meditação:

autoinvestigação (pensamentos questionadores) e autodomínio (sentir as emoções), as quais são atividades que você pode praticar no dia a dia.

Por enquanto, talvez você queira explorar um pouco mais o tema e fazer sua própria pesquisa. Lembre-se de que a meditação não precisa ser praticada em um contexto religioso ou cultural. Você pode encontrar muitas práticas simples disponíveis gratuitamente on-line em universidades e institutos de pesquisa, como a generosa seleção oferecida gratuitamente pelo Mindful Awareness Research Center, da Universidade da Califórnia, Los Angeles.

MEDITAÇÃO PARA ACALMAR E RELAXAR

Existem muitos tipos diferentes de meditação. Para acalmar e relaxar, você pode começar com qualquer meditação que lhe permita se concentrar em um único objeto. Em geral, as pessoas começam com a respiração. Nesse tipo de meditação, o intuito é levar você a fazer menos (pensar menos, se distrair menos, ser menos reativo) do que faria normalmente. Apenas alguns momentos de foco em um único objeto em uma postura de meditação proporciona uma sensação de calma e amplitude, e é por isso que esse tipo de meditação recebe seu nome: meditação de concentração ou samatha.

Entretanto, a calma e o relaxamento não são os únicos propósitos da meditação, embora muitas pessoas a utilizem dessa forma (como uma técnica de combate ao estresse). Ao prestar atenção em como seus pensamentos, sentimentos e sensações vêm e vão e em como interagem uns com os outros para criar estados de espírito (assim como identidades e narrativas) que definem sua realidade, você começa a sentir uma sensação de clareza, facilidade e autoconfiança. Você começa a perceber a pequena lacuna entre os pensamentos e faz desse espaço calmo e imóvel seu novo lar. Com a prática, você obtém insights profundos sobre como sua mente funciona, e, assim, pode definir sua realidade (que é de onde esse tipo de meditação recebe seu nome: meditação de insight ou vipassana).

Portanto, o propósito final da meditação não é apenas relaxar, mas cultivar uma qualidade mental consciente que possa enfrentar qualquer coisa que seja real e abandonar as construções mentais que perpetuam a confusão, o medo e a frustração. Ao sintonizar sua paisagem interior, você vê o mundo exterior com mais clareza: estes são, em última análise, iguais, no que diz respeito à percepção. Voltaremos a este assunto no Capítulo 6.

Construindo e mantendo limites saudáveis

Se você trabalha em uma profissão orientada ao serviço, como a assistência médica ou o atendimento ao cliente, você corre um alto risco de burnout (ARONSSON *et al.*, 2017; SINGH *et al.*, 1994). A capacidade de ver onde terminam suas responsabilidades e onde começam as de outra pessoa é difícil. Quando você está tentando ajudar o ser humano à sua frente, sentindo que a organização para a qual você trabalha pode o estar decepcionando, o limite entre a necessidade do outro e seus recursos pode se tornar confuso. Tal problema não tem uma solução fácil. No entanto, o que pode ser administrado mais claramente é quando ocorre uma expansão da missão e você começa a assumir mais do que sua justa parte em sua organização, porque você criou uma reputação de ser confiável e consciente.

Em uma cultura de trabalho com expectativas de desempenho irrealistas, sua saúde, seus relacionamentos e, em última análise, sua capacidade de desempenho podem ser prejudicados. Você pode ficar cada vez mais carente de soluções para os problemas que enfrenta. A maioria das pessoas concorda que limites são uma boa ideia quando há uma invasão sistemática de seu tempo e energia, porém é mais difícil saber o que isso significa na prática ou encontrar a coragem de dizer "não". Vamos analisar os limites um pouco mais de perto e preparar você com alguns conceitos e ferramentas fundamentais.

O que são limites?

Um limite não é algo fixo, mas uma mudança de direção. O princípio dos limites é que *onde a atenção vai, a energia flui*. Se você acordar um dia e perceber que sua atenção está sendo absorvida por pessoas, lugares e atividades que não estão alinhados com seus valores (burnout é uma pista), é hora de redirecionar sua atenção.

Por exemplo, se você começa a priorizar seu autocuidado, você está naturalmente estabelecendo um limite entre você e outras coisas que poderiam sugar sua energia. Você está redirecionando sua atenção e sua energia. Isso pode exigir que você diga "não" ou pode ser que não precise, uma vez que você pode simplesmente mudar seus compromissos e cronograma para se alinhar com o autocuidado.

Por outro lado, a violação de seus próprios limites ocorre quando você diz "sim" a algo que na verdade não quer fazer. Você está efetivamente redirecionando sua atenção (e energia) de uma maneira que não se alinha com o que é verdadeiro para si mesmo. Pode parecer trivial no momento, mas as consequências em sua vida chegam. Você pode ver como pequenas decisões podem ter um grande impacto ao longo do tempo, por exemplo, dizer "sim" a um pequeno projeto ou participar de um comitê um dia por mês porque esse parece ser um compromisso trivial.

Os limites são externos e internos

Muitas pessoas entendem os limites como forma de dizer "não" às demandas. E, em geral, acham muito difícil fazer isso. Mas para cada trabalho, chefe ou parceiro exigente, há um "chefe interior" ainda mais exigente que o convence a dizer "sim" quando você quer dizer "não" e que faz com que se sinta culpado se você reunir um pouco de coragem para dizer "não". Os limites precisam começar por *dentro*; por exemplo, dando mais atenção ao seu gênio interior do que ao seu chefe interior. O chefe interior é o conjunto de pensamentos temerosos e altamente críticos que o levam a se esforçar e o afastam de seu gênio interior. Ele também acha que sabe mais do que seu gênio interior (exploraremos isso mais adiante).

O maravilhoso de criar espaço para ativar suas funções cognitivas superiores, como a criatividade, é que você começa a se reconectar com seu senso do que é legítimo para você. Como resultado, você pode tomar decisões alinhadas com seu profundo potencial (em vez de ser um escravo das demandas mal orientadas de seu chefe interior). Antes que isso aconteça, porém, você pode se sentir um pouco incerto, portanto, seguem alguns princípios que podem ajudá-lo.

Elimine o que suga sua energia e priorize aquilo que lhe dá energia

Você provavelmente já percebeu que, quando faz algo divertido e emocionante, pode até se sentir cansado, mas jamais se sente *sugado*. Você se sente feliz e com energia. Por outro lado, se você estiver fazendo algo por medo ou obrigação, é muito mais provável que você se sinta sugado. A seguir, estão alguns exemplos de coisas para as quais você pode dizer "sim" ou "não".

Exemplos de coisas para as quais você pode dizer "não" porque elas sugam sua energia:

- Projetos que você na verdade não quer fazer, pessoas que você não quer ver e lugares aonde você não quer ir, mas com os quais você se compromete por culpa indevida.
- Atividades sociais que não se adequam ao seu nível de energia (grandes festas são difíceis para os introvertidos, longos períodos de solidão são difíceis para os extrovertidos).
- Discussões baseadas em reclamações e fofocas.
- Relações desequilibradas com pessoas que esperam que você seja o suporte emocional delas (ou seja, ouvir os desabafos delas ou ajudá-las a processar seus sentimentos sem uma compreensão do impacto sobre você ou do papel delas na criação do problema).
- Má alimentação (com alto teor calórico e baixo valor nutritivo).

Exemplos de coisas para as quais você pode dizer "sim" porque elas lhe dão energia:

- Natureza.
- Música.
- Exercícios físicos.
- Pessoas que honram suas emoções e processos de pensamento.
- Meditação.
- Uma dieta saudável que o alimente bem.
- Comunidades que apoiam suas aspirações e apontam novas possibilidades.
- Livros/textos ou palestras que inspiram, transmitem sabedoria ou estimulam sua imaginação e pensamento criativo.

Diga "não"

Dizer "não" é uma das habilidades mais transformadoras, especialmente se você for alguém muito prestativo.

Quando diz "não" a algo, você pode sentir que é definitivo. Então, o medo de perder oportunidades pode entrar em cena. A verdade é que a maioria das decisões são reversíveis, logo você pode sempre conversar se mudar de ideia. Não é algo a ser feito o tempo todo, é apenas uma maneira de tirar a pressão se você estiver tendo que lidar com várias decisões. Na maioria das vezes, quando começar a dizer "não" às coisas que sugam sua energia, você se sentirá mais leve.

LIMITES EM POUCAS PALAVRAS

Onde a atenção flui, a energia vai.
Para dominar o fluxo de sua energia, domine sua atenção (atenção plena).
Diga "sim" às coisas que lhe dão energia e "não" às coisas que sugam sua energia.
Alinhe sua energia com seu profundo potencial, mantendo sua atenção.

Resistência a diminuir o ritmo

"Eu não posso ir mais devagar, as pessoas estão contando comigo!"

Soa familiar? Comentamos isso no início do capítulo, mas é um processo de pensamento comum, especialmente para profissionais de alto desempenho e pessoas que se identificam como salvadoras. Para alguns, isso se torna parte de sua identidade. Entretanto, a maioria das situações, *na verdade,* não são uma questão de vida ou morte, logo, a menos que possamos olhar para a forma como você se prepara para o burnout por meio de padrões enraizados de pensamento e comportamento, o autocuidado será apenas uma parada no caminho da exaustão em vez de uma porta para o trabalho sustentável e realizador.

Controlando seu chefe interior: como lidar com padrões de pensamentos inúteis

O chefe malvado dentro de sua cabeça é conhecido por vários nomes. Algumas pessoas podem chamá-lo de crítico interior ou *gremlin*. Seja lá como você queira chamá-lo, o chefe interior é um conjunto interconectado de padrões de pensamento. Quase todos nós temos um. É um composto das maneiras de pensar que internalizamos durante nossa criação pela família, escola, sociedade etc. e que nos levam a buscar metas, sucesso e objetos externos, na esperança de que a felicidade seja conquistada. O que faz dele um chefe ruim é que ele pode nos levar a buscar metas e "sucesso" mesmo que as metas não estejam de fato alinhadas com nossos verdadeiros valores. O chefe interior é fortalecido por reações como lutar, fugir ou congelar, funções do cérebro mamífero-reptiliano (a parte mais primitiva do cérebro comparada ao neocórtex) (LONGE *et al.*, 2010). Ele não está tão interessado em seu gênio criativo ou em sua necessidade de restauração e contemplação.

O chefe interior é bem pouco sofisticado. Prefere gritar, julgar e tomar decisões precipitadas (pensamento rápido) em vez de considerar as coisas com calma e sabedoria (pensamento lento). Afinal de contas, seu trabalho é sobreviver. Outras características que ele demonstra são:

- Ele gosta de exagerar. Pode reparar em um pequeno detalhe como o olhar ou tom de voz de alguém e desencadear uma ofensiva em larga escala.
- Ele pode entrar no modo de escrita de roteiro e descrever uma situação terrível em comparação a outras.
- Ele não aproveita o momento atual por muito tempo. Mesmo que você atinja uma meta, ele criará expectativas e marcos que você precisa cumprir.
- Ele favorece a satisfação a curto prazo em detrimento do contentamento a longo prazo.
- Ele prefere a zona de conforto.
- Ele duvida de você e de suas capacidades.

Ele utiliza pensamentos limitantes como um mecanismo de defesa contra o desconhecido, que percebe como a maior ameaça.

Por isso, ele procura constantemente por perigo e encontra falhas em tudo! Ele tenta mantê-lo seguro, mas de uma forma brutal. Ele não se importa muito com o seu bem-estar ou profundo potencial.

Então, como você se livra da opressão desse chefe malvado? Décadas de padrões de pensamento programados não desaparecem da noite para o dia. Desacelerar e priorizar o autocuidado é apenas o início de uma jornada de crescimento e liberdade para a vida toda. O cérebro é uma espécie de filtro de alocação de energia e tenderá a favorecer a abordagem mais eficiente em termos energéticos a fim de conservar energia (SWART *et al.*, 2015). Seu trabalho é descobrir para onde dirigir sua atenção e energia. Sob estresse, o córtex pré-frontal tende a se desligar (eliminando as funções cognitivas mais elevadas) e tende a se desviar para o cérebro mais primitivo, o mamífero-reptiliano, que tem um imperativo de sobrevivência para pensar rápido, baseando-se em padrões de resposta pré-armazenados (como lutar, fugir ou congelar), incluindo emoções fortes (como raiva). De repente, tudo pode ser considerado como uma ameaça e você está comportando-se de forma reativa, agitando precipitadamente em relação a tudo. Da mesma forma, suas funções cognitivas superiores, como a curiosidade e o pensamento criativo, tendem a se desligar. Elas estão principalmente associadas com o córtex pré-frontal. Em um momento de estresse, elas podem ser assumidas por suas funções mamífero-reptilianas de lutar, fugir, congelar ou buscar uma recompensa (o objetivo do seu chefe interior) em uma fração de segundo.

Tal fenômeno tem sido chamado de sequestro límbico (GOLEMAN, 1996). Sua capacidade de raciocinar, empatizar, retardar recompensas e encontrar soluções sensatas foi literalmente sequestrada por instintos de sobrevivência e emoções fortes. O maior problema é que o chefe interior assume o controle muito rapidamente. O sequestro límbico pode acontecer em poucos segundos e levar várias horas para diminuir, dependendo das circunstâncias (GOLEMAN, 1996). Sua atenção não é suficientemente ágil para detectar mudanças tão rápidas e detê-las em seu rastro antes que causem danos, a menos que a qualidade da atenção ou da presença no momento seja desenvolvida.

É por isso que é tão importante diminuir o ritmo se você quiser se libertar da influência nociva do chefe interior. Reverter o sequestro límbico e silenciar o chefe interior requer consciência e prática durante um tempo e espaço protegidos. Eventualmente, você começará a detectar pequenas mudanças em sua fisiologia e em seu estado de espírito. Você captou esses primeiros sinais de sequestro límbico e intervirá muito mais cedo. Ao estabelecer tempo para o autocuidado e o silêncio, você já começou a criar condições que ajudam a acalmar seu chefe interior e a liberar seu gênio interior. No próximo capítulo, exploraremos a autoinvestigação e o autodomínio como ferramentas para refinar sua consciência de padrões automáticos e se livrar deles.

> **AUTOCUIDADO NÃO É UM CRIME, É UMA RESPONSABILIDADE**
>
> Quando pergunto a qualquer um dos médicos ou profissionais orientados ao serviço como eles se sentem em relação a reservar tempo e cuidar de si mesmos, eles muitas vezes dizem que tal prática é desconfortável. Já vi atitudes semelhantes entre profissionais de outros setores, incluindo advogados, cientistas e empresas. As características comuns são ser altamente conscientes e querer ajudar os outros. Eles são os profissionais de alto desempenho e os salvadores que nunca sentem que já fizeram o suficiente. Mas, se quisermos aprender lições de setores em que os funcionários e os clientes estão felizes e seguros, temos que aceitar a necessidade de mudar as culturas de trabalho. Podemos começar dando a nós mesmos permissão para diminuir o ritmo e priorizar o autocuidado. Ao fazer isso, ativamos as maiores capacidades humanas de sabedoria e empatia que facilitam a vida para nós mesmos e para nossos semelhantes. Agimos como membros mais responsáveis da espécie humana!

Se você implementou parte do conteúdo deste capítulo, você deve começar a sentir mais amplitude e possivelmente mais fluxo na vida. Talvez você tenha se sentido mais calmo e, portanto, tenha encontrado melhores soluções. Uma de minhas clientes passou a caminhar todo dia na natureza e descobriu que suas ideias de negócios mais brilhantes surgiam ao fazer essa atividade. Talvez você tenha descoberto que consegue fazer mais em menos tempo e com menos esforço.

Você deve começar a ver que o mundo não acaba quando diminui seu ritmo ou deixa de fazer algumas coisas da sua lista de tarefas. O que parecem ser responsabilidades de vida ou morte, certamente não o são. Esse é o terreno perfeito para se aprofundar na forma como você cria sua realidade e se libertar de quaisquer crenças limitantes e distorcidas e de identidades que o aprisionam. Liberdade e realização estão do lado de fora da prisão de pensamentos limitantes, os quais, com frequência, ocupam demais a nossa atenção.

LEMBRETE: FAÇA AMIZADE COM O TEMPO

1. A maneira como nos relacionamos com o tempo o cria ou o destrói.
2. Perdidos no tempo psicológico (arrependimentos sobre o passado ou preocupações sobre o futuro), desperdiçamos tempo real e perdemos o momento.
3. Não existe isso de gestão de tempo. Existe a gestão de escolha.
4. Todos nós temos as mesmas 24 horas em um dia. Mas escolhemos usá-las de forma diferente. Se sua vida é desgastante ou incontrolável de forma crônica, é hora de tomar decisões ousadas e abandonar algumas coisas.
5. "Medite uma hora por dia. Se você não tiver tempo, medite duas horas por dia."
6. Não se trata da quantidade de tempo que você perde meditando ou não. Trata-se do princípio de diminuir o ritmo quando seu instinto é acelerar, criando assim espaço em vez de mais complexidade e descontrole em sua vida.

CAPÍTULO 6

Desaprenda suas crenças limitantes

Muitas pessoas estão conscientes da importância da aprendizagem ao longo da vida. A maioria delas está menos consciente da importância de *desaprender* (BONCHEK, 2016; CLEM; SCHILLER, 2016). Nossos pensamentos definem nossas expectativas sobre o que é possível, como nos relacionamos conosco e com as outras pessoas e as estruturas sociais que criamos ao nosso redor. Portanto, as suposições que fazemos podem ter um impacto profundo na vida que vivemos e no mundo que criamos coletivamente. A boa notícia é que você pode desaprender velhas expectativas, não importa a idade ou o grau de desenvolvimento de uma determinada carreira.

Resolvendo o Paradoxo do Alto Desempenho

No Capítulo 3, analisamos o quanto os profissionais de alto desempenho podem estar em desvantagem em termos de sair da Armadilha do Sucesso. Como um lembrete, alguns dos elementos do Paradoxo do Alto Desempenho incluem:

1. A necessidade de validação e significado ao mesmo tempo em que dispensa elogios.

2. A necessidade do próximo desafio, apesar de se sentir cansado ou sobrecarregado.
3. A necessidade de mais qualificações/credenciais/formação, apesar de ter bastante.
4. Medo de fracassar, apesar de um histórico de sucesso.
5. Felicidade não por causa do sucesso, mas apesar dele.

Se você se sente preso em seu emprego ou carreira (ou em qualquer situação), é provável que esteja se prendendo a pensamentos ou suposições conflitantes e abandoná-los pode ser assustador. Por exemplo, pode ser que acredite que precisa agradar a todos ao mesmo tempo em que deseja cuidar de si mesmo. Mas a ideia de desiludir as pessoas o aterroriza. Outro exemplo é crer que sucesso significa ter muito dinheiro ou status elevado e que tais coisas lhe darão segurança. Ao mesmo tempo, você quer mais tempo para passar com sua família ou para fazer atividades artísticas.

Agora é o momento de descobrir algumas dessas crenças subjacentes — particularmente em torno do sucesso, da vitória e das metas — que não são mais úteis para você. Ao questionar as crenças que atrapalham seu fluxo, você pode decidir se são realmente verdadeiras ou não e considerar perspectivas alternativas. Ao trazer consciência a esses pensamentos, crenças ou suposições conflitantes, seu leque de escolhas se expande e surge um sentimento de liberdade de escolha: você não está mais sob o comando de crenças e suposições ocultas, você tem liberdade de escolha. Em outras palavras, enquanto antes pode ser que você tenha entrado em uma busca cega por dinheiro (ou qualquer outra forma de sucesso como status, fama ou uma imagem particular de uma vida bem-sucedida), agora você será capaz de *escolher* se deseja fazer isso.

Resolver o Paradoxo do Alto Desempenho não significa que você tenha que decepcionar as pessoas, abandonar o sucesso ou desistir de ganhar dinheiro. Significa apenas que você pode ter uma resposta mais equilibrada e fazer escolhas conscientes. Por exemplo, você pode assumir um trabalho diferente que paga menos, mas lhe dá mais tempo e aumenta exponencialmente seus sentimentos de propósito. Como resultado, você cria uma comunidade e suas ideias se expandem para ajudar outros a fazer o mesmo. Resolver o Paradoxo do Alto Desempenho significa que, em vez de ganhar a corrida e perder a alegria, você será capaz de se sintonizar com sua felicidade natural e permitir que as coisas se desdobrem em sua vida a partir daí, de uma maneira saudável e sábia.

De início, talvez o processo exija algum esforço de sua parte. Aprender/desaprender requer foco e disciplina para olhar seus pensamentos e examiná-los de forma suave e sincera. Na teoria da aprendizagem, isso é chamado de "dificuldade desejável" (DRUCKMAN; BJORK, 1994). O processo também traz resistência aos estados de espírito desconfortáveis que surgem, tais como a incerteza ou o enfrentamento do desconhecido. É o que eu chamo de "desconforto desejável". O esforço vale a pena porque o ajuda a chegar a uma compreensão mais profunda que, em última análise, serve ao melhor que há em você.

A realidade como uma construção psicossocial: nós basicamente a criamos

A sociedade é um hábito. Ao repetir ações e interações específicas com os outros ao longo do tempo, sua maneira e forma se tornam um padrão e elas são enraizadas em nossas mentes. Se resulta em um indivíduo aceitar regras ou expectativas como reais, isso é chamado de "habitualização" (ou socialização, caso se refira a uma criança aprendendo normas sociais mais generalizadas). Isso pode ser melhor ilustrado no contexto dos relacionamentos. Os casais podem ficar presos em uma dinâmica em que repetem os mesmos padrões porque desempenham determinados papéis e identidades. Por exemplo, uma pessoa pode ficar presa no papel de "donzela em apuros" e seu parceiro no papel de "príncipe salvador no cavalo branco". Ocorre o mesmo com nossos chefes problemáticos, colegas e carreiras. Podemos ficar presos em uma forma de ser que não é útil.

Se o resultado é a aceitação de uma organização ou instituição como verdadeira, chama-se institucionalização (BERGER; LUCKMANN, 1966). Por exemplo, sua organização existe em sua mente como uma organização e não apenas como um conjunto de pessoas em um edifício, porque você e outros (ou pessoas que vieram antes de você) concordam que ela é uma *organização*. Então, essa é uma ideia que existe por um consenso contínuo.

Algumas outras maneiras que os sociólogos têm observado incluem o teorema de Thomas e o conceito de profecia autorrealizável. O teorema de Thomas afirma que, "se os humanos definem as situações como reais, elas são reais em suas consequências". Por exemplo, um adolescente que recebe repetidamente uma qualificação — como "um estudante de alto desempenho" — pode estar à altura do termo, mesmo que inicialmente não fizesse parte de sua natureza. Com uma profecia autorrealizável, até mesmo uma ideia falsa pode se tornar verdadeira se ela for seguida. Por exemplo, talvez você esteja convencido de que não conseguirá um emprego, de modo que não se candidata ou comparece à entrevista, garantindo assim que não consiga a vaga (LITTLE, 2012).

Tais conhecimentos da Sociologia não implicam que não exista um mundo real lá fora. Mas eles nos lembram de levar nossas opiniões, suposições e cultura de um jeito um pouco mais leviano do que normalmente levaríamos. Curiosamente, uma convergência conceitual e significativa está acontecendo, entre Sociologia, Psicologia, Neurociência e partes das Filosofias ocidental e oriental. A ideia de que nossa experiência, embora real, é um produto de nossa interpretação de fatos e não um fato em si está na intersecção.

Consciência: a chave para a liberdade

Você já esteve tão convencido de que estava certo em uma discussão, mas percebeu mais tarde que estava completamente errado?

Você admitiu isso? Caso sim, você é uma pessoa corajosa. A maioria das pessoas odeia estar errada e prefere não admitir quando erra. É assim que o cérebro mamífero-reptiliano funciona; ele tende a reforçar sua própria visão da vida. Estar certo é uma questão de sobrevivência.

O cérebro mamífero-reptiliano não tem a capacidade de questionar aquilo em que acredita. Ele tem um banco de dados de memórias que se encadeiam em histórias e prefere se apegar a elas. Ele direciona sua atenção para o que corrobora suas antigas histórias e afasta aquilo que não as confirma. Em Psicologia, isso é chamado de *viés atencional* ou *viés de confirmação*; seu cérebro central filtra as informações que considera mais importantes (*viés atencional*) e estas tendem a confirmar aquilo em que você já acredita (*viés de confirmação*). É o que resulta em uma profecia autorrealizável.

Seu córtex pré-frontal, por outro lado, é muito mais sofisticado e pode questionar suas antigas crenças e suposições, agarrando-se levemente a elas e ponderando. Ele pode examinar uma memória e reinterpretá-la. Pode decompor uma história em suas memórias, pensamentos e emoções. Pode também trazer empatia e compaixão para uma experiência dolorosa e acalmá-lo até que seu desconforto passe. Em outras palavras, ele pode expandir sua consciência e mostrar-lhe perspectivas diferentes. Pode liberar diferentes escolhas enquanto o tranquiliza emocionalmente.

Por outro lado, seu cérebro mamífero-reptiliano é mais antigo e intenso que seu córtex pré-frontal porque abriga emoções poderosas e instintos de sobrevivência. Em uma batalha entre neurônios, o cérebro mamífero-reptiliano vencerá. Ele vencerá as funções mais recentes do córtex pré-frontal e se recusará a cooperar, especialmente se estiver agitado ou entusiasmado (GOLEMAN, 1996). Esse é o sequestro límbico que mencionamos no último capítulo, o qual turva sua capacidade de ver outras perspectivas e possibilidades. Ele tende a focar sua consciência em uma pequena coisa e a excluir da visão geral.

É difícil descrever a consciência. É mais fácil explicá-la em termos das coisas sobre as quais você está *consciente*. Por exemplo, a autoconsciência é o sentido que se localiza em "você", visto que se caracteriza pelos seus pensamentos e emoções. Por outro lado, a consciência no sentido geral não tem um foco, isto é, a consciência sem centro.

Assim, para fins práticos, falaremos de *autoconsciência*: a consciência de uma parte sua experimentando pensamentos e emoções a todo momento. De uma forma bem pragmática, você pode separar entre a sensação de uma parte sua vivenciando tais sentimentos passageiros ou apenas a experiência passageira em si (sem a sensação de um "você" envolvido), que se sente mais leve e mais livre.

Nesse sentido, sua capacidade de perceber seus pensamentos e emoções sem levá-los muito a sério ou ser muito crítico se trata de um superpoder. Ela também é conhecida como a qualidade da mente chamada de atenção plena. Com esse tipo de autoconsciência, você pode observar a interpretação constante do cérebro mamífero-reptiliano de sua experiência atual à luz da experiência passada. Você também começa a perceber que pode redirecionar sua atenção de um pensamento ou memória para outro, haja vista que sua autoconsciência lhe permite responder a partir de uma nova perspectiva e não de uma antiga. Com a prática, isso começa a desativar os caminhos neurais (hábitos de pensamentos e comportamentos) que já não servem mais e estabelece novos caminhos. Essa flexibilidade de atenção e modificação de hábitos é a chave para a mudança.

Níveis de autoconsciência

Mapeamos os diferentes níveis de consciência para que você possa ter uma ideia de onde se encontra e se empenhar a partir daí:

1. **Baixa/nenhuma autoconsciência**: você está preso em

velhos padrões de pensamentos ou emoções reativas e pode se sentir aprisionado em uma identidade, como a de impostor ou salvador. Você não percebe os pensamentos e as emoções transcorrerem e tende a se perder neles.

2. **Autoconsciência intermediária**: você é capaz de perceber padrões de pensamento ou emoções reativas, mas não os consegue deter.
3. **Alta autoconsciência**: você percebe velhos padrões ou emoções reativas à medida que elas começam a surgir. Você pode detê-los antes que os pensamentos se transformem em histórias e identidades ou as emoções se tornem muito intensas. Além disso, há a possibilidade de agir de forma mais espontânea com base em sua sabedoria no momento. Seu chefe interior crítico é silencioso, e por essa razão você desfruta de um senso de liberdade e fluxo na vida, inclusive pelos seus altos e baixos.

Expandindo a autoconsciência

A propriedade transformadora da autoconsciência vem de sua capacidade de evoluir velhas crenças, suposições, identidades e narrativas para que você possa romper com aquelas que não lhe servem mais. Mudar seu relacionamento com seus pensamentos (trazendo consciência para eles e não os levando tão a sério) lhe dá a capacidade de mudar os próprios pensamentos. Isso tem um impacto notável na forma como você vê o mundo, bem como na maneira como se sente e nas ações que tomará posteriormente.

Expandir sua autoconsciência significa simplesmente que você *percebe melhor o que está acontecendo*. Quanto mais rapidamente você perceber suas reações e emoções e quanto mais granular sua consciência do que está acontecendo no seu interior, é menos provável que fique cego por uma visão parcial e filtrada da situação, caso contrário, você pode ficar preso a uma reação emocional e causar danos a uma situação, relacionamento ou sua saúde.

Isso funciona até mesmo para comportamentos notoriamente viciantes. Um estudo mostrou que a expansão da consciência em torno dos hábitos tabagistas (os pensamentos, sentimentos e comportamentos que compõem o hábito) usando o mindfulness (autoconsciência) duplicou a probabilidade de se parar de fumar (BREWER *et al.*, 2011). Sendo assim, a autoconsciência tornou os participantes do estudo muito conscientes da reação em cadeia dos eventos que os levam a acender um cigarro.

Vale salientar que tal prática começa com um pequeno gatilho de estresse que leva ao desejo de fumar. Com isso, a consciência do hábito de fumar também revelou aos participantes os aspectos desagradáveis do fumo e ampliou a sensação de que eles estavam injetando produtos químicos nocivos em seus corpos, um aspecto que até então ignoravam porque não estavam prestando atenção. Com a autoconsciência, os participantes foram capazes de reequilibrar os *prós* e *contras* do fumo, e parece que isso desativou o desejo de fumar.

De forma análoga, com a autoconsciência podemos nos tornar conscientes de como os padrões de pensamento e comportamento nos prendem na percepção das recompensas de um determinado emprego ou carreira, ignorando os custos para nossa saúde, relacionamentos e oportunidades para satisfazer nosso profundo potencial.

O Processo de Transformação do Paradoxo do Alto Desempenho (HAPI – *High Achiever Paradox Transformation*)

A autoconsciência pode ser acessada a qualquer momento ou lugar, bem como pode ser aplicada a pensamentos e emoções ou em ambos, por meio da combinação de duas ferramentas de autoconsciência:

1. **Autoinvestigação**: trazer consciência a seus pensamentos limitantes e questionar sua validade. Isso ajuda a transformar crenças, narrativas e identidades que o aprisionam. Elas se tornam ideias em vez de fatos. A autoinvestigação mantém seu gênio interior livre para apresentar novas ideias e possibilidades para responder a qualquer situação.
2. **Autodomínio**: trazer consciência a suas emoções e sensações (a energia em seu corpo). Alguns o chamam de autorregulação. Tal prática auxilia na tolerância ou até mesmo na aceitação de emoções intensas, tais como raiva e tristeza, enquanto abrevia sua duração e minimiza o impacto negativo sobre si mesmo e sobre os outros.

MODELO DE AUTOCONSCIÊNCIA

Você deve ter percebido que exploramos um modelo simples de consciência humana. Veja a ilustração na Figura 6.1. Para uma exploração mais aprofundada da Ciência e Filosofia mais recente da consciência, incluindo sua relação com as práticas de discernimento, bem como as implicações práticas para a felicidade humana, recomendo o livro do filósofo e neurocientista Sam Harris (2015), *Despertar: um guia de espiritualidade sem religião.*

Figura 6.1 Modelo de autoconsciência

Autoinvestigação: lidando com pensamentos, narrativas e identidades que aprisionam (reflexão)

A teoria da aprendizagem nos diz que, para aprender algo novo, é preciso abandonar — ou no mínimo questionar — alguns dos fatos e perspectivas antigas que você sustenta. Em suma: você precisa desaprender para aprender (NEWSTROM, 1983). A autoinvestigação é um processo pelo qual você percebe os pensamentos que povoam sua mente. Em vez de tomá-los como garantidos, você tira as suposições subjacentes. Com isso, reconhece sua perspectiva e verifica sua validade, por meio de uma investigação mais profunda, que lhe permita identificar as suposições ocultas dentro dela.

Um aspecto importante é que você também revela onde podem estar as contradições entre diferentes pensamentos para que possa resolver qualquer conflito interno atual, como, por exemplo, se deve largar um emprego ou assumir um projeto. Ao investigar isso, você será capaz de abandonar as suposições fixas sobre identidades inúteis, chegando ao ponto, até, de enxergar a si mesmo como um todo coerente.

Ao invés de simplesmente acrescentar novos fatos, reestruturar seu pensamento é um processo de explorar de forma paciente, podar, conectar e transformar suposições. Não precisa ser difícil ou argumentativo e é muito mais fácil transformar sua necessidade de respostas em curiosidade. Com a prática, a alegria da descoberta ajuda o processo a transcorrer sem esforço.

MENTE DE PRINCIPIANTE: ABERTURA E CURIOSIDADE COMO ANTÍDOTOS PARA PENSAMENTOS, IDENTIDADES E NARRATIVAS NOCIVAS

Para desaprender velhas crenças e romper com suas limitações, você deve estar preparado para abandonar o que acha que já sabe, ser curioso e manter a mente aberta. A curiosidade tem se mostrado essencial não apenas na aprendizagem em sala de aula, mas também para os estudos dos adultos, e, também, para a obtenção de um ótimo desempenho no ambiente de trabalho (REIO; WISWELL, 2000). O conceito de ter uma mente de principiante ainda vai um pouco mais longe. Trata-se de um conceito Zen que descreve a libertação de qualquer preconceito: sua mente está livre de conceitos passados categorizadores e aberta a explorar as coisas de novo. Ao contrário da curiosidade, não há um desejo ativo de aprender. É mais uma abertura ao que é e foi descrito, como uma ausência de qualquer motivo ou objetivo prévio: uma disposição de estar aberto a todas as possibilidades, sem qualquer preferência. Essa qualidade de estar aberto para conhecer o mundo é discutida no livro Mente Zen, mente de principiante, e está no centro do mindfulness (SUZUKI et al., 1994). Além disso, de acordo com o pensamento ocidental, essa atitude é descrita no Paradoxo Socrático: "Só sei que nada sei."

Outra maneira de explicar isso é: ficar curioso e nunca tomar nada como certo. A mente de principiante o manterá conectado à ideação criativa e o ajudará a encontrar soluções inovadoras. Mais que isso, o ajudará com a sua autoinvestigação. Isso não significa que você tenha que dar atenção prolongada a tudo, tendo em vista que sua abertura à experiência pode ser equilibrada com uma vontade de rapidamente descartar ideias, pensamentos e suposições inúteis.

A autoinvestigação por meio de cinco perguntas

A autoinvestigação ajuda a eliminar narrativas profundamente enraizadas e inúteis sobre quem você é, sobre o que é possível e sobre o significado do sucesso. Ao fazer algumas perguntas simples, você pode trazer à tona qualquer crença limitante e eliminá-la para que ela não o impeça de explorar seu potencial. Uma das versões mais facilmente acessíveis desse processo de autoinvestigação é o trabalho de Byron Katie que, embora comercialmente disponível, parece ter algumas evidências para sustentá-lo (SMERNOFF *et al.*, 2015). Segue abaixo uma versão que desenvolvi e usei em mim mesma e com meus próprios clientes, trazendo mudanças psicológicas significativas, bem como um feedback positivo. Todavia, o melhor é testá-la por conta própria e ver se ela ajuda.

Você pode fazer isso sozinho ou com alguém que leia as perguntas para você. É muito importante fazer isso lentamente e permitir que as respostas surjam em seu próprio tempo. É fácil tentar se apressar para dar o que pode parecer ser a resposta certa. Se você responder muito rápido, provavelmente é seu chefe interior tentando pressioná-lo a fazer as coisas muito depressa. Dê a si mesmo tempo para se conectar com seus pensamentos e emoções mais profundas.

Comece de forma simples. Traga à mente uma situação que deseja mudar no trabalho ou na vida. Volte a essa situação com sua imaginação e responda às perguntas:

Pergunta 1: Que pensamentos e sentimentos você está experimentando?

- Quais são seus medos, frustrações e emoções a respeito da situação? *(Estou zangado com John porque ele não reconheceu meu trabalho)*
- Quais são seus desejos e necessidades para que você possa ficar feliz com a situação? *(Quero que John reconheça meu trabalho)*
- Quais são suas expectativas nesta situação? *(John deve reconhecer meu trabalho)*
- Que julgamentos você está fazendo? *(John é tão egocêntrico e egoísta!)*
- Qual é o pior que pode acontecer? *(John não percebe o quanto eu trabalho e não aprecia meu valor)*

Pergunta 2: Como entender que este pensamento não lhe serve?

- Escolha uma simples afirmação de suas respostas à Pergunta 1. Você pode usar todas elas, mas escolha uma de cada vez.

Pergunta 3: Você escolhe acreditar nesse pensamento? (sim/não — ambos servem)

- Observe o que acontece quer você escolha *sim* ou *não* (os pensamentos e sentimentos que surgem, as ações que você quer tomar ou não, qualquer senso de paz e leveza).

Pergunta 4: Qual é o pensamento alternativo (ele é tão ou mais verdadeiro que a afirmação que você escolheu)?

- Reestruture: escolha uma afirmação de suas respostas à Pergunta 1 e reestruture-a até encontrar clareza. Por exemplo, diga o oposto: *John não deveria reconhecer meu trabalho* ou *Eu deveria reconhecer meu trabalho.*
- Evidencie: por que essa reestruturação poderia ser verdadeira? Pense como um cientista investigando uma hipótese — pode ou não ser verdade, por exemplo: *Eu já reconheci meu próprio trabalho antes e isso ajudou. Ao reconhecer meu trabalho, outros também notaram o quanto contribuo e também o reconheceram.*

Pergunta 5: O que você conseguiu esclarecer neste momento?

- Mantenha-se conectado a um senso de abertura e seja receptivo a tudo, incluindo o pior cenário possível, por exemplo: *Espero que John não reconheça meu trabalho de novo.* Observe quaisquer mudanças em seu estado. Isso é um convite ao destemor, o que nos prepara para contratempos inevitáveis enquanto tentamos superar uma crença limitante. Vale mencionar que os estoicos romanos chamavam tal prática de *premeditatio malorum* (IRVINE, 2009).

COMECE A ESCREVER EM UM DIÁRIO

Se ainda não tem um, é um bom momento para começar a escrever em um diário para registrar os pensamentos que talvez você venha a gostar de desenvolver. Colocando suas reflexões no papel logo pela manhã ou quando sua mente começar a se agitar quando estiver irritado, você terá muito material para usar. Foi comprovado que escrever pensamentos facilita o bem-estar psicológico, a expressão criativa (MARTIN-CUELLAR, 2018), bem como o desempenho atlético (NOETEL et al., 2019), e, em termos de autoestudo, escrever pensamentos estressantes o ajudará a limpar sua mente e ver com mais detalhes onde você pode estar sabotando a si mesmo ou se sentindo bloqueado.

ESTUDO DE CASO — Consultora ocupada que disse "não"

Freya é uma acadêmica apaixonada e com vasto conhecimento, palestrante e educadora. Frustrada com o ritmo lento das mudanças, ela decidiu abrir sua própria consultoria. À medida que seu trabalho crescia, ela se sentia cada vez mais sobrecarregada. Ela havia entregue recentemente um grande projeto para uma empresa e agora estava ansiosa para se concentrar em sua missão maior. Mas a organização queria que ela fizesse mais e implementasse um plano estratégico. Ela não sabia como recusar.

Crença: não posso dizer "não"

Segue um exemplo de um diálogo que eu teria com clientes com esse tipo de crença.

Pergunta 1: Quais pensamentos e sentimentos você está experimentando?

- Temo decepcionar as pessoas e arruinar minhas relações profissionais se eu disser "não" a este projeto. À medida que consigo mais trabalhos de consultoria, eu gostaria de manter bons relacionamentos.
- Dizer "não" é arriscado. Eu não posso dizer "não".

Pergunta 2: Como entender que o pensamento "Eu não posso dizer "não" não serve?

- Acreditando que "Eu não posso dizer não" não me serve porque: 1) me mantém presa a projetos de que não gosto; 2) me deixa ansiosa porque não sou fiel a mim mesma; 3) me impede de sugerir alternativas que possam funcionar tanto para os outros quanto para mim.

Pergunta 3: Você escolhe acreditar nisso? (sim/não — ambos servem)

- Não. Eu posso ver que a crença está me bloqueando pelas razões erradas!

Pergunta 4: Qual seria um pensamento alternativo e como ele poderia ser verdadeiro?

- A afirmação oposta é: *"Eu posso dizer não!"*
- As provas que eu posso dizer "não" incluem: 1) eu já fiz isso antes; 2) as pessoas muitas vezes não se importam quando eu recuso algo; 3) se eu não disser "não" a isso, ficarei ainda mais sobrecarregada e não terei tempo para meus negócios e minha família.

Pergunta 5: O que você conseguiu esclarecer neste momento?

- Estou disposta a dizer "não". Estou aberta a ser revisitada pelo pensamento limitante "Não posso dizer não" porque essa é minha deixa para pausar e questionar o pensamento.

Freya se permitiu recusar o projeto. Encorajada por essa experiência bem-sucedida de dizer "não", ela fez uma proposta a seu empregador para reduzir seu trabalho para três dias por semana, proposta esta que foi aceita. Isso lhe deu tempo para escolher novos projetos de consultoria que estavam muito mais alinhados com seus valores, dar palestras em conferências internacionais e voltar a escrever seu livro. Por fim, Freya descobriu que, no espaço que havia criado ao dizer "não", as coisas se encaixavam mais facilmente e ela foi recrutada por uma instituição de ensino onde desempenhou um papel importante com base em seus talentos e pontos fortes.

ESTUDO DE CASO — A médica que abandonou a necessidade de ter todas as respostas

Crença: preciso saber a resposta agora

Tara, uma médica altamente especializada de um dos melhores hospitais do país, não tinha certeza se deveria deixar seu emprego ou não. Ela estudou muito tempo e trabalhou em uma das especialidades mais competitivas cuidando de crianças que precisavam de tratamento médico e cirúrgico complexo. Ela superou todas as expectativas familiares de sucesso, rompendo barreiras do que se esperava de uma mulher em sua cultura de origem. Ela se casou com um parceiro muito solidário e teve um filho. Mas ela se sentia estressada pelas pressões do trabalho, além de sentir que não recebia o respeito e o apoio de que precisava para ter um bom desempenho. A ideia de partir para tentar algo novo era tentadora, mas também assustadora, pois ela amava a sua especialidade e estudou muito para exercê-la.

Com o auxílio da investigação transformacional, ela descobriu um pensamento limitante que a estressava no trabalho e em casa:

Pergunta 1: Quais pensamentos e sentimentos você está experimentando?

- Acredito que eu preciso saber a resposta agora.

Pergunta 2: Como entender que o pensamento *"Eu preciso saber a resposta agora"* não serve?

- É uma sensação estressante e me faz sentir inadequada porque não posso saber todas as respostas o tempo todo.
- Isso me afasta de ideias criativas e da capacidade de encontrar melhores soluções para os problemas.
- Ele perpetua uma cultura pouco saudável em que os médicos fingem saber as respostas, o que pode prejudicar os pacientes.

Pergunta 3: Você escolhe acreditar nesse pensamento?

- Não. Mas posso sentir que estou realmente apegada a essa crença. Eu realmente acho que devo saber a resposta de forma imediata quando estou sob pressão e em emergências. Ao mesmo tempo, posso ver que não é realista e que não é útil para os pacientes se eu estiver tão concentrada no meu próprio estresse enquanto tento ajudá-los.

Pergunta 4: Qual seria o pensamento alternativo e como ele poderia ser verdadeiro?

- Suponho que não tenho que saber as respostas o tempo todo.
- Por quê? Lembro-me de uma situação estressante em que dei um passo atrás e me dei tempo para resolver as coisas. Eventualmente, eu tinha uma intuição sobre o diagnóstico de um paciente. Não mencionei, mas consegui ver que da próxima vez seria mais útil adotar essa abordagem. Em outra ocasião, decidi abandonar a necessidade de fazer uma apresentação perfeita de um caso clínico.

Eu ficaria até tarde e não veria meu filho naquela noite, por isso decidi ir para casa. A reunião correu bem, e descobri que o nível de detalhes que eu originalmente pensava que precisava constar na apresentação não era tão útil para o cuidado do paciente!

- Outro pensamento alternativo é: *Eles precisam saber a resposta agora.* Por que isso poderia ser verdade? É verdade que os colegas ou chefes podem me pressionar para dar uma resposta, mas porque eles pressionam a si mesmos e outras pessoas nesse sentido. Mas se a resposta não for dada de imediato, isso não é algo sobre o qual eu (ou eles) possa fazer muito naquele momento. Ao dar um passo atrás e perguntar se a informação é absolutamente necessária, todos se sentem um pouco mais calmos e pensam de forma mais clara e efetiva em um plano.

Pergunta 5: O que você conseguiu esclarecer neste momento?

- Estou disposta a não saber as respostas o tempo todo. Da próxima vez que começar a pensar: "Preciso saber a resposta agora", saberei que é um sinal para dar um passo atrás em relação ao estresse e frenesi ao meu redor e pensar claramente.

Ao passar por essa autoinvestigação, Tara também foi capaz de ver que sua decisão de carreira não era uma emergência. Ela achou libertador saber que não precisava ter a resposta imediata para sua carreira e que podia dar a si mesma tempo e espaço para descobrir o que fazer. Ela começou a perceber que não saber as respostas não a tornava uma fraude, impostora ou fracassada, apenas a tornava humana.

Autodomínio: lidando com emoções (liberar)

Lidar com crenças limitantes pode ser emocional. Há muito mais do que uma discussão intelectual em curso. Afinal de contas, estamos falando de reprogramar seu cérebro. Fazer as cinco perguntas do questionário anterior pode parecer fácil, mas pode ser emocionalmente desafiador quando feito de forma correta, com concentração e calma. As respostas ao processo de autoinvestigação podem se desdobrar em dias, semanas ou meses, se for uma crença muito antiga que você adquiriu quando criança, bem como se estiver profundamente enraizada na cultura. Pode ser que você precise fazer uma pausa no processo e voltar a ele. Trazer a consciência para as emoções e tensões que surgem durante a autoinvestigação é a outra parte do processo HAPI.

Um fato universal, mas muitas vezes negligenciado, é que todas as emoções passam. Não parece ser assim quando se está no meio de tudo isso. Mas seu ciclo de vida pode ser prolongado ou encurtado pela autoconsciência: esse é o autodomínio. Pode ser impossível ficar zangado ou irritado por muito tempo, pois você permite que cada emoção passe por seu ciclo natural sem se perder nela, proliferando narrativas ao seu redor. Como princípio geral, imagine como seria se você pudesse reduzir o tempo em que se sente zangado, frustrado e solitário na vida? Como sua qualidade de vida melhoraria? O que você faria com o tempo e energia extras? Imagine o impacto positivo em seus relacionamentos e as possibilidades que se abririam a você no trabalho e na vida. Nesse sentido, é difícil superestimar o benefício para sua felicidade.

Portanto, sentir-se tenso ou ansioso durante a autoinvestigação é, muitas vezes, um bom sinal: você está se lançando a algo importante. Ao desaprender antigas maneiras de pensar sobre o mundo, uma parte sua (seu chefe interior) resistirá à mudança e você poderá se sentir triste com isso por um tempo. Entretanto, com paciência e aceitação, esse ciclo emocional da mudança pode ocorrer naturalmente e durar não menos e não mais do que o necessário (MORAN; LENNINGTON, 2021).

Digamos que você decida seguir seu sonho de abrir um negócio próprio. Você pode começar com esperança e otimismo (otimismo desinformado), depois começar a perceber o que está envolvido nessa decisão e quanto tempo levará para começar (pessimismo informado), depois você chega ao ponto "meio confuso" (talvez você já tenha deixado seu emprego e não possa voltar atrás, mas o negócio ainda não está dando certo e você não tem ideia do que mais poderia fazer). Nessa fase, a maioria das pessoas desiste ou fica presa em um ciclo. Dessa forma, o risco de sequestro límbico e de ceder a medos de sobrevivência é alto. Por outro lado, caso você lide bem com o fato de estar "meio confuso", por exemplo, com uma delicada autoinvestigação para liberar quaisquer pensamentos limitantes, você eventualmente passa para o outro lado à medida que começa a ver seu negócio dando certo ou surge um novo cargo que se adequa muito melhor a você, como Freya no exemplo anterior (esta é a conclusão do ciclo). Esse modelo de ciclo emocional da mudança tem paralelos com os estágios do modelo de aprendizagem (FLOWER, 1999) e da aprendizagem transformacional (BOYD; MYERS, 1988).

O "MEIO CONFUSO"

Você pode reconhecer a fase desconfortável da mudança (sua incerteza e confusão) sob nomes diferentes. A pesquisadora de vulnerabilidade e instrutora de liderança Brené Brown a chama de "o denso nevoeiro da incerteza". Pode ser que tenha ouvido isso ser chamado por diferentes nomes:

- o desconhecido que é desconhecido;
- o espaço entre as histórias;
- o vale do desespero;
- a noite escura da alma;
- o bardo;
- a caverna escura da mudança;
- o espaço liminar;
- o vale das sombras.

É aqui que você é mais suscetível ao sequestro límbico e onde sua autoconsciência vai realmente ajudá-lo a seguir na situação e não desistir. Isso o ajudará a ver que passou de um modo de mente aberta (mente de principiante) para um modo de mente estreita. Você também pode notar que os pensamentos em sua mente estão se multiplicando e são bastante críticos: "Isso não vai funcionar", "Você não sabe o que está fazendo", "Você é um idiota" etc. Todas estas são crenças com que você pode lidar usando as cinco perguntas de autoinvestigação.

Liberando emoções intensas: respirar e acalmar

Se você está passando por um momento difícil, acalmar a si mesmo é uma habilidade essencial. Em vez de se esforçar mais ou criticar a si mesmo, você toma a atitude de *atender e fazer amizade com* o conteúdo de sua mente a qualquer momento, trazendo uma qualidade reconfortante à maneira como lida com as coisas.

Acalmar a si mesmo pode ser contraintuitivo para profissionais de alto desempenho, que muitas vezes são bastante autocríticos. Entretanto, novas intervenções surgem à medida que as evidências crescem. Por exemplo, a Terapia Focada na Compaixão é uma intervenção clínica que tem a calma como componente-chave e foi desenvolvida especificamente para pessoas que são extremamente autocríticas. A avaliação de seus benefícios é promissora (LEAVISS; UTTLEY, 2015). Também sabemos que a oxitocina liberada, além de ter um efeito calmante, ao atuar em conjunto com a autocompaixão, promove sentimentos de confiança, segurança e generosidade (UVNÄS-MOBERG *et al.*, 2014).

A importância da compaixão ao lado da clareza de espírito na transformação pessoal é conhecida há milênios. Em certas formas de budismo existem práticas importantes, como a meditação da amorosidade e a meditação da compaixão, por exemplo. Em um curto espaço de tempo, a meditação da amorosidade promove emoções positivas, sentimentos de pertencimento e conexão social, ao mesmo tempo em que reduz pensamentos e sentimentos negativos (HOFMANN *et al.*, 2011). Seguem algumas técnicas para ajudá-lo a superar as emoções intensas da transformação. Elas irão contrair a ativação do sequestro límbico e irão neutralizar a resposta imediata de lutar, fugir ou congelar.

1. Respirar fundo e atentamente

Leve o tempo que precisar para concentrar-se apenas em sua respiração e conte até dez, se puder. Concentre sua atenção em uma parte de seu corpo que sinta o movimento da respiração e perceba seu ritmo.

2. Falar sozinho para relaxar e visualizar
Repita gentilmente uma frase simples como: "Eu estou bem". Se puder fazer isso, visualize diferentes pessoas envolvidas em uma situação desafiadora e permita que elas também fiquem bem. Não importa o papel que elas desempenhem na situação ou como elas o estão incomodando. Você pode alternar entre as frases: "Eu estou bem" e "Eles estão bem". Se funcionar, talvez você queira experimentar a meditação da amorosidade. Encontra-se, facilmente, acesso a versões gratuitas on-line de universidades ou institutos de pesquisa.

3. Passar tempo na natureza
Passar tempo na natureza conecta você aos seus sentidos e desacelera sua mente. Isso pode lhe dar uma experiência de beleza e conexão, bem como uma sensação de vastidão e aceitação que permite liberar emoções por meio de lágrimas ou gritos, por exemplo. Uma análise dos efeitos de caminhar na natureza mostrou que a prática reduz a ansiedade e a depressão, além de melhorar a saúde do coração e dos pulmões (OH *et al.*, 2017).

4. Autorreconhecimento e gratidão
Este é um exercício poderoso. Você está essencialmente elogiando a si mesmo, reconhecendo as coisas boas que faz. Você pode usar uma frase simples como: *Eu me reconheço por minha coragem*. É semelhante a um exercício de gratidão, porém é mais fácil. A prática da gratidão é conhecida por ter muitos benefícios para o bem-estar e relacionamentos, mas pode ser difícil acessar a gratidão quando você está passando por um momento muito difícil (BONO *et al.*, 2012). Outras formas de agradecimento incluem afirmações como: "Sou corajoso e sábio", assim como falar de si de forma positiva na terceira pessoa, se encorajando e aconselhando da seguinte maneira:

"Você já fez isso antes, pode fazer de novo" (KROSS *et al.*, 2014).

5. Alongamento e exercícios físicos
Trazer a consciência para as sensações básicas e áreas de tensão em seu corpo pode ajudar a deslocar as sensações e dissipar a tensão. A ioga é uma prática excelente, mas há muitas outras formas de atividade física consciente como o *qigong* ou o *taichi*. Além disso, a atividade física libera endorfinas que ajudam você a se sentir bem.
6. Meditação de insight e clareza
O mindfulness é definido como a capacidade de prestar atenção, isto é, de criar um propósito no momento presente sem julgamento. Como resultado, sua autoconsciência se torna cada vez mais refinada e você passa a notar elementos cada vez menores de sua experiência, como sensações específicas e pequenas mudanças de humor. A vantagem é que você pode se libertar de um padrão automático de pensamento, identidade ou emoção de forma rápida, ou seja, antes mesmo de dizer ou fazer algo de que possa se arrepender.

Sete mudanças que você terá a partir do processo HAPI

A razão pela qual a autoinvestigação registrada nas cinco perguntas parece funcionar é porque ela diminui o peso que sua antiga identidade tem: você desaprende seu antigo eu. Ela não necessariamente substitui sua identidade por uma nova, mas simplesmente lhe permite ver suas múltiplas identidades e estar ciente de uma variedade maior de possibilidades e escolhas na vida.

Seguem sete elementos-chave que você pode notar ao permanecer nesse processo. Será mais fácil:

1. responder a qualquer problema ou situação com segurança, autenticidade e integridade;
2. desafiar a identidade e as crenças limitantes desencadeadas pela situação;
3. descobrir e compreender uma decisão essencial (uma crença

que foi escolhida) em algum momento no passado como resultado de uma situação semelhante;

4. perceber as consequências negativas da identidade/crença e suas ramificações ao longo do tempo;
5. notar as possibilidades de libertar a identidade/crença e novas oportunidades;
6. liberar as emoções e fazer um ciclo pela experiência da mudança, bem como reunir a energia libertada e usá-la para agir de forma diferente;
7. tomar mais ações espontâneas e criativas e deixar para trás o apego ao resultado.

À medida que pratica, aperfeiçoamentos podem ser feitos na forma como você investiga suas crenças limitantes e o nível de compaixão que você traz para elas se expande. Além disso, você notará que alguns princípios mais profundos de transformação psicológica emergem, inclusive:

- Os pensamentos não são fixos.
- As emoções sempre passam.
- Um pensamento melhor cria uma emoção melhor.
- Se você contar uma história, faça dela uma boa história.
- Se você usar uma identidade, lembre-se de tirá-la depois.
- Você é mais do que seus pensamentos, emoções, narrativas e identidades.
- A autoconsciência é o seu lar.
- Consciência é liberdade.

Quando temos autoconsciência, temos um novo lar psicológico livre de identidades, narrativas e crenças. Podemos acessá-la a qualquer momento e nos sentiremos calmos e felizes, independentemente do que se passa fora de nós. Podemos usar identidades conforme necessário. A partir daqui é mais fácil redefinir quem somos e fazer melhores escolhas. Também é mais fácil assumir riscos, porque não importa o resultado: você sabe que ficará bem, vez que pode facilmente voltar para sua autoconsciência.

Agora que iniciamos o trabalho profundo, você terá novas ideias para agir e/ou uma visão para guiar seus próximos passos. No próximo capítulo, analisaremos algumas ferramentas adicionais e práticas para complementar o processo central.

PARTE TRÊS

Vivendo fora da armadilha

CAPÍTULO 7

Liberdade prática

Ferramentas para reconectar, responder e receber

Na seção anterior do livro, você diminuiu o ritmo, criou espaço e explorou como se libertar de crenças e narrativas limitantes usando o processo HAPI. Você considerou os pensamentos e as emoções que conduzem seus comportamentos. Talvez tenha começado a resolver sua versão do Paradoxo do Alto Desempenho, desaprendendo velhas crenças que não lhe servem mais, para que você possa se libertar de qualquer versão de sucesso que não seja autenticamente sua.

Isso pode tê-lo levado a novas ideias e inspirações sobre aquilo que pode querer fazer a seguir.

Este capítulo o guiará pela segunda parte do Ciclo Criativo. Você poderá tirar proveito dos insights adquiridos reconectando-se às coisas com as quais realmente se importa (Reconectar); agindo com habilidade e influenciando resultados sem manipular ou pressionar

(Responder); e sendo paciente com fatores fora de seu controle, ao mesmo tempo em que celebra e reconhece as pequenas vitórias (Receber).

> ### Afirmações e pensamento positivo
>
> Você usa afirmações ou pensamento positivo? Se sim, pode ter sentido um aumento em sua confiança e autoestima. Isso pode ter ajudado a melhorar sua saúde, na perda de peso ou a conseguir uma promoção. Mas quanto tempo durou a boa sensação? Com que frequência as afirmações levaram à ação e quanto tempo durou qualquer mudança?
>
> Quando as pessoas se engajam no pensamento positivo — como visualizar o futuro de seus sonhos — por si só, as evidências mostram que elas são menos propensas a agir ou superar obstáculos (OETTINGEN, 2014; VOHS et al., 2017) do que aquelas que utilizam um processo mais profundo como a autoinvestigação e o autodomínio. Pesquisas psicológicas recentes sugerem que a eliminação de obstáculos (ver e abordar os obstáculos percebidos para o sucesso) é mais estimulante e eficaz do que motivar-se para alcançar metas com o apoio do pensamento positivo (OETTINGEN; REININGER, 2016; CROSS; SHEFFIELD, 2019; CHOWDHURY, 2020). Para que as pessoas realmente se envolvam com as possibilidades em suas vidas e tomem medidas, elas precisam enfrentar a realidade de frente e se engajar com os obstáculos percebidos. Portanto, embora seja positivo ter um destino em mente, saber o que está no caminho é tão importante quanto. Logo, você pode sempre começar com seus pensamentos limitantes.

Reconectar: missão, propósito e valores

Missão e propósito

Ter uma declaração de missão é algo onipresente nas organizações hoje em dia (MORPHEW; HARTLEY, 2006). Nas sociedades modernas e seculares, o imperativo de ter uma missão ou propósitos (e metas claras) se expandiu para os indivíduos. Talvez você tenha sentido que precisava disso.

Os conceitos de missão e propósito estão conectados, e as palavras são usadas de forma indistinta aqui. Para simplificar, é o que você acredita que estava destinado a fazer ou a razão pela qual você se levanta pela manhã. É fácil ficar preso na tentativa de encontrar uma grande missão ou propósito, mas olharemos para as suposições por trás disso primeiro.

ESTUDO DE CASO — A advogada que deixou de lado a necessidade de ter um propósito

Crença: preciso saber meu propósito

Uma advogada sentiu-se frustrada por não conseguir descobrir seu propósito e sentiu que estava perdendo tempo em sua carreira e em sua vida.

Pergunta 1: Quais pensamentos e sentimentos você está experimentando?

- Eu deveria saber meu propósito.

Pergunta 2: Como entender que este pensamento não serve?

- Faz eu me sentir inadequada e carente.
- Me desmotiva, por isso eu procrastino.
- Cria um problema com o qual devo me preocupar.

Pergunta 3: Você escolhe acreditar nisso? (sim/não — ambos servem)

- Não, eu escolho não acreditar mais nisso.
- Qual é a sensação? Eu me sinto mais leve. Vejo que há coisas que quero fazer e que posso começar imediatamente sem conhecer meu propósito. Talvez esse seja meu propósito, fazer a próxima coisa que me pareça certa sem pensar muito sobre isso.

Pergunta 4: Qual é o pensamento alternativo (ele é tão ou mais verdadeiro que a afirmação que você escolheu)?

- Eu não preciso saber meu propósito.
- Por que isso poderia ser verdade? Quando eu era mais jovem, eu não pensava em meu propósito, e, ainda assim, fazia coisas que eu gostava e que me traziam sentido. Quando não me preocupo em conhecer meu propósito e confio em mim mesma, parece que

apenas continuo com o que quero fazer, por essa razão, torna-se mais fácil identificar novas oportunidades e aproveitá-las.

Pergunta 5: O que você conseguiu esclarecer neste momento?

- Eu não preciso saber meu propósito agora. Estou aberta a estar onde estou e a novas experiências. Também estou aberta a ficar obcecada em encontrar meu propósito de novo, porque essa é a minha deixa para diminuir o ritmo e questionar meus pensamentos do momento.

Questionar pressupostos e crenças limitantes não apenas facilita a ação, mas nos permite revelar o que realmente nos interessa e a que queremos dedicar nossa energia. Se você está preso tentando encontrar seu propósito e procrastinando para dar um passo adiante ou tomar uma decisão, questione as suposições que você está fazendo: você realmente precisa saber seu propósito antes de dar um passo à frente?

Valores

Os valores são úteis se você souber o que significam, tendo em vista que ajudam a priorizar e sentir integridade quando você vive por eles. Talvez você tenha sido levado a escolher e identificar seus principais valores, por meio de exercícios de coaching ou por uma lista feita à mão. Mas, como declarações de missão e propósito, eles têm sido submetidos à tirania orientada por metas de ter que encontrá-los. As organizações identificam seus valores da seguinte forma: pessoas, serviços, inovação etc. Eles fazem parte de um exercício corporativo, porém podem parecer vazios quando são ditos a você. Da mesma forma, em um nível individual, sem realmente entender o que são valores ou dar a si mesmo tempo suficiente para descobri-los, eles podem ser apenas um bastão para você se bater.

Desse modo, os valores são aquilo com que você realmente se importa ou que tem um *valor emocional positivo*. É útil saber com o que se preocupa, pois, muito provavelmente, você está alinhado com a sua essência, e, por consequência, experimentará um senso de realização quando estiver se concentrando em coisas que o estimulam.

Vale ressaltar que há uma sobreposição entre valores, necessidades e desejos, haja vista que parte das coisas com as quais você se importa é resultado de seu condicionamento e educação passados. Portanto, para identificar seus valores de forma profunda, um processo de autoinvestigação é o caminho a seguir. Isso requer paciência e escuta profunda. Caso você trate a busca de valores como outra meta, surge, a partir disso, o risco de escolher valores que o mantenham confortável e reflitam as expectativas externas. Não precisa ser um exercício intelectual difícil. Seus valores (como propósito e missão) podem se revelar sem esforço como um subproduto da clareza interior que emerge, considerando-se que você desafiou suas crenças e narrativas limitantes.

Em última análise, compartilhamos valores universais como a felicidade, porém podemos ter preferências individuais. Uma pessoa pode dar ênfase à liberdade enquanto outra dá mais importância ao pertencimento. Além disso, os valores também podem mudar com o tempo e isso é aceitável. Permita-se ser completamente autêntico, vez que valorizar o que realmente importa para você é libertador.

Ferramentas para reconectar

Seguem algumas ferramentas que você poderia usar para se reconectar com seu propósito, missão e valores. Se surgir uma resposta inesperada ou desconfortável, basta escrevê-la. Você sempre pode colocá-la em questão para ver o que está acontecendo por baixo. Ver a articulação de seu propósito como um processo criativo, em vez de um processo orientado por metas, provavelmente lhe dará resultados muito melhores e o ajudará a aprender muito mais sobre si mesmo.

Epitáfio

Quanto mais você se esforçar para alcançar uma missão ou um propósito, é menos provável que você venha a encontrá-los. Tente, em vez disso, usar sua imaginação. Pense em seu propósito como um epitáfio no tempo presente e pergunte-se: *por que eu gostaria de ser lembrado?* Por exemplo: "Quero ser lembrado por escrever músicas que encantem o coração e inspirem as pessoas a serem seus melhores 'eus'." Não precisa ser algo grandioso. Pode ser tão simples quanto: "Quero ser lembrado por ter formado uma família amorosa."

Ikigai

Ikigai é um conceito japonês que significa "razão de ser" (GARCÍA, 2018). Ele equaciona seu propósito com o ponto certo na interseção de quatro fatores:

1. o que você adora fazer;
2. no que você é bom (de preferência sua zona de genialidade);
3. o que o mundo precisa;
4. pelo que as pessoas pagarão.

Trabalhar na sua zona de genialidade é a forma mais provável de se gerar realização e fluxo; veja o livro *The Big Leap* (2009) de Gay Hendricks. Segundo ele, a maioria das pessoas constrói carreiras de sucesso em sua zona de excelência (habilidades aprendidas), mas isso pode, em última análise, levar à insatisfação. A zona de genialidade usa de seus dons inatos. Ela permite uma inspiração consistente, apresentando um trabalho que é único, cujo destaque é muito maior do que o realizado por qualquer outra pessoa (WIEST, 2018).

Ao passar pelo exercício *Ikigai*, é provável que descubra uma série de crenças e narrativas limitantes, com as quais você, com base no Capítulo 6, já possui as ferramentas para lidar. Caso chegue à conclusão de que não tem uma zona de genialidade, eu certamente o convidaria a questionar esse pensamento!

> CONECTANDO-SE A UM SENSO DE PROPÓSITO
>
> Para evitar ser pego na busca por um Propósito com P maiúsculo, você pode se concentrar em um propósito com um p minúsculo, isto significa dizer que ele será cumprido aos poucos. O que faz sentido a você neste momento? O que você faria de bom grado neste momento? Esse é seu propósito, por enquanto.
>
> Para alcançar seu grande propósito, envolva- se com sua criatividade. Vá e sente-se na natureza com um diário. Permita-se ter devaneios ou passear pelas redondezas. Anote qualquer lembrança do que você gostava de fazer quando era criança ou quando mais jovem. Reserve um espaço para essas lembranças e quaisquer ideias que saiam desse espaço. Escreva sobre elas, explore-as mais, compartilhe-as com outras pessoas que o apoiem. Esse é um processo suave que se assemelha mais à jardinagem do que à modelagem matemática. Dê tempo para que as sementes brotem e regue-as longe de críticas duras ou expectativas prematuras. Se vier um pensamento que pareça estressante ou limitante, aplique o processo HAPI.

Propósito: armadilhas e teste decisivo

Armadilhas com propósito

Elas ocorrem quando você espera muito de seu propósito, muito rapidamente (cuidado com seu chefe interior); ou quando você está vindo de uma posição de desespero ou necessidade; ou quando você está fazendo isso para salvar outros ou salvar o mundo (cuidado com o salvador).

Teste decisivo

Falar seu propósito parece animador e empolgante. Mas também pode provocar medo. Parece excitante e um pouco assustador, mas você está disposto a enfrentar os desafios. Teste seu propósito dizendo-o em voz alta. Veja como ele impacta as pessoas que o apoiam e qual o seu reflexo perante elas.

Responder: responsabilizando-se por seu tempo, energia, comunicação e influência

Ser livre para escolher o que fazer com sua carreira pode ser assustador. O medo que mais retém os profissionais de alto desempenho é provavelmente o *medo do fracasso*. Seguem alguns outros medos comuns, particularmente se você decidir assumir mais liderança ou trabalhar de forma autônoma:

- Tenho medo de não saber o que fazer.
- Tenho medo de não ter nenhuma estrutura.
- Tenho medo de me sentir só.
- Tenho medo de não ganhar dinheiro suficiente.

Trabalhar tais pensamentos, bem como as narrativas universais e limitantes ajudará você a encontrar suas próprias soluções. O próximo estudo de caso dá um exemplo do que aconteceu quando Antiope, uma médica clínica geral, que era muito atarefada, estava achando desafiador alocar tempo e energia para seus projetos de autocuidado e paixão. Em suma: ela vivia "apagando incêndios", os quais não tinham um fim à vista.

ESTUDO DE CASO — A clínica geral que não queria decepcionar as pessoas

Pergunta 1: Quais pensamentos e sentimentos você está experimentando?

- Sinto que eu não devo decepcionar as pessoas.

Pergunta 2: Como entender que o pensamento "Eu não devo decepcionar as pessoas" não serve?

- Me coloca sob pressão para manter todos felizes.
- Me impede de me concentrar no que preciso para me manter calma e feliz.
- Me afasta do meu propósito maior.
- De qualquer maneira eu decepciono as pessoas, porque não estou verdadeiramente disponível se estou sempre ocupada.

Pergunta 3: Você escolhe acreditar neste pensamento? (sim/não — ambos servem)

- Não, eu escolho não acreditar (embora eu perceba que é difícil esquecer completamente disso).
- Qual é a sensação? Estou sobretudo aliviada.

Pergunta 4: Qual seria o pensamento alternativo? Ele é tão ou mais verdadeiro que a afirmação que você escolheu?

- Alternativa 1: As pessoas não devem me decepcionar.
- Por que isso poderia ser uma verdade? Eu mereço tanto apoio quanto qualquer outra pessoa.
- É uma sensação libertadora, pois, se eu fizer tudo e me sentir esgotada, não funciona.
- Alternativa 2: Devo decepcionar as pessoas! Tenho me esforçado há tanto tempo, é hora de uma pausa! Não é realista pensar que posso agradar a todos, por isso é inevitável que eu tenha que decepcionar algumas pessoas. Pode até ser que elas nem fiquem tão decepcionadas como pensei, porque trata-se de algo que está apenas na minha cabeça.

Pergunta 5: O que você conseguiu esclarecer neste momento?

- Estou aberta a sentir que decepcionei as pessoas, tendo em vista que preciso ajustar minhas expectativas em relação a mim mesma até encontrar um equilíbrio. Estou disposta a sentir a pressão de "Eu não devo decepcionar as pessoas" de novo, porque essa é a minha deixa para questionar meu pensamento no momento.

Ferramentas para responder: tempo e energia

Se você for capaz de desvendar os pensamentos e narrativas limitantes que o levam a distribuir mal seu tempo, você notará que liberou mais tempo, pois estará menos ansioso em relação ao passado ou ao futuro. Seguem algumas ferramentas práticas para ficar consciente de como você aloca seu tempo e energia, bem como alinha tudo isso aos seus valores.

Sua auditoria pessoal de energia

Seu tempo e energia são finitos. Em uma cultura em que estar ocupado é a norma, a maioria das pessoas enfrenta dificuldades em manter seus níveis de energia. O impacto de suposições de nível cultural e individual como "ficar ocupado é ótimo" e o papel do chefe interior (ou crítico interior) foram discutidos nos capítulos anteriores. Como regra geral, o desalinhamento entre seus valores e suas ações é desgastante.

Sua auditoria energética e pessoal é uma ferramenta para auxiliá-lo a diferenciar o que lhe dá energia daquilo que a suga. Além disso, lhe ajuda a fazer mais o que é estimulante e menos o que desgasta, tudo isso com o objetivo de restaurar e manter seu equilíbrio energético. Aprendi isso com meu coach (LITVIN, s.d.). Assim como os prédios passam por auditorias energéticas para garantir uma manutenção adequada e evitar vazamentos de energia, nós também precisamos disso.

Desenhe uma linha em um pedaço de papel e faça duas colunas: *O que suga minha energia* e *O que me dá energia*. Pense na última semana ou mês. Liste as pessoas, lugares e hábitos com os quais você se envolveu na coluna apropriada. Prossiga até sentir que registrou o máximo possível. Agora olhe para a coluna de coisas que sugam sua energia: o que você poderia fazer menos ou deixar de fazer por completo? De maneira inversa, olhando para a coluna de coisas que lhe dão energia: o que você poderia fazer mais? Se achar que é difícil abandonar algo que suga sua energia, você pode explorar uma crença limitante que pode estar em ação.

Seu dia a dia ideal

Se você já sabe o que lhe dá ou o que suga sua energia, seu dia pode ser planejado de acordo com isso. Dessa forma, o dia a dia ideal pode ser usado para imaginar que tipo de carreira ou emprego funcionaria melhor para você. Além disso, ele se torna útil se você estiver inseguro sobre seu propósito ou grande missão. Caso se confronte com a seguinte pergunta: "Onde você se vê daqui a cinco anos?", significa dizer que o dia a dia ideal funcionaria melhor para você.

Seguem algumas perguntas com as quais você pode começar a planejar seu dia a dia ideal:

- Que tipo de atividades, pessoas e lugares você quer em seu cotidiano?
- Que tipo de atividades, pessoas e lugares você NÃO quer em seu cotidiano?
- Quais são os melhores momentos para você pensar criativamente, planejar ou realizar reuniões?
- Como você se sente no final do dia?
- Com quem você avalia e celebra seu dia?

Você também pode seguir o exemplo de empreendedores altamente criativos que diferenciam entre "dias de gestão", em que muitas tarefas são marcadas, incluindo reuniões, e "dias de execução", em que longos períodos de silêncio são marcados para facilitar o pensamento criativo (GRAHAM, 2009).

Um autocompromisso: avaliações regulares personalizadas

Caso trabalhe em uma organização, você pode estar familiarizado com as avaliações anuais que a maioria das pessoas teme ou é indiferente. Todavia, você pode se encarregar de sua própria avaliação e a utilizar em benefício próprio a fim de se autorresponsabilizar. Mais que isso, você pode usá-la para celebrar sua dedicação, coragem e resultados.

Nesse sentido, o diretor de coaching executivo e liderança do Google apresenta uma estrutura que abrange um minuto diário que equivale a uma avaliação decenal (PETERSON, 2010).

Seguem algumas das perguntas as quais você pode fazer ao planejar seu próprio sistema:

- O que eu criei hoje?
- Eu concluí o que eu pretendia?
- Se não, o que me atrasou? Que narrativa limitante entrou em jogo? Como eu arranjei desculpas (verifique-as para evitar a repetição do padrão)?
- Esta tarefa/ideia ainda é importante para mim?
- O que se torna possível caso eu não me prenda a uma única narrativa?
- Em quais situações eu precisaria dizer "não" com o fim de dizer "sim" ao que é legítimo para mim?
- Para o que eu precisaria dizer "sim" tendo em vista dizer "não" ao que me detém?
- Como e quando tomarei providências?
- Eu venho de uma posição de abertura/serviço ou medo/necessidade?
- Onde eu agi no modo piloto automático em vez de ser autoconsciente?
- Por que sou grato?

Pode ser que você ache esse tipo de análise desconfortável de início e tudo bem. Nesse caso, usar apenas uma pergunta torna-se útil: *O que eu criei recentemente?* Sendo assim, a ideia se resume a criar seu próprio sistema de responsabilidade.

Nunca subestime sua influência. Ao entrar em uma sala, sua linguagem corporal fala mais do que suas palavras, as quais, muitas vezes, carregam a energia de sua linguagem corporal. Estar consciente de seu estado de espírito e de que história você pode estar contando a si mesmo lhe dará uma compreensão maior de como as pessoas respondem a você. A influência (intencional) é uma habilidade fundamental de liderança no mundo VUCA, onde ninguém tem todas as respostas ou todo o poder (BARTON *et al.*, 2012). É importante mencionar, também, que você não precisa de um cargo executivo para influenciar em sua organização.

Influência não é algo impetuoso. É mais um ato de equilíbrio entre credibilidade e conexão que traz uma qualidade de abertura, além de uma certa originalidade à situação. A partir daí, você pode enxergar o que está acontecendo, bem como pode dirigir as coisas de forma suave, por meio de solicitações claras e simples, feitas no momento certo (CIALDINI, 2012; ROSENBERG, 2006). Você pode se sentir tentado a revidar caso alguém se comporte de forma agressiva. Por outro lado, torna-se muito óbvio quem está sob controle quando você mantém seu nobre silêncio! No entanto, a dinâmica se torna difícil quando duas ou mais partes estão focadas em suas próprias necessidades e ignoram as dos outros.

Então, tornar-se fluente na linguagem das necessidades o ajuda não só a ser claro sobre o que deseja das pessoas, mas também a entender o que as outras pessoas querem em um nível profundo, mesmo que elas próprias não consigam articular isso. A partir daí, você pode encontrar maneiras criativas de suprir as necessidades de todos de uma forma ou de outra. Trazer consciência ou atenção para a dinâmica interpessoal será muito mais eficaz do que tentar dicas e truques para manipular as pessoas.

A seguir, há alguns princípios de comunicação que se dão a partir de uma estrutura chamada Comunicação Não Violenta (CNV).

A ideia central é que tal prática é muito simples se observarmos que a comunicação da maioria das pessoas é uma descrição de sua estratégia para atender às necessidades percebidas. Ao reconhecer isso (tanto em nós mesmos quanto nos outros), temos menos probabilidade de manipular as pessoas para tentar nos dar o que queremos e mais probabilidade de encontrar soluções colaborativas (KASHTAN; KASHTAN, s.d.). Alguns dos princípios incluem:

- Todos os seres humanos compartilham as mesmas necessidades.
- Todas as ações são tentativas de atender às necessidades.
- As estratégias que usamos para atender a essas necessidades podem ser diferentes.
- O conflito ocorre quando não reconhecemos as necessidades ou a existência de uma série de estratégias para atendê-las.
- Os sentimentos são um indicador de necessidades a serem atendidas ou não atendidas.
- Os seres humanos podem facilitar o atendimento das necessidades uns dos outros por meio de relações interdependentes.

Usando a CNV: transforme reclamações em solicitações

A CNV expõe a comunicação ao máximo: observação, autoexpressão, solicitação para atender a uma necessidade. Os princípios são simples. Pense em uma situação de conflito:

- Foque naquilo que você observa e diga os fatos (não sua interpretação deles).
- Reconheça o impacto em você (física, prática e emocionalmente).
- Faça uma solicitação clara sobre o que você gostaria que a pessoa fizesse.

Uma maneira de agir que gera problemas às pessoas é deixar de fazer uma solicitação ou permanecer em silêncio, pois elas têm medo de que o outro recuse o pedido ou as rejeite. Mas todos nós somos agentes livres, pois podemos pedir o que quisermos, e os outros têm o direito de dizer "sim" ou "não". Também precisamos acreditar que podemos lidar com as consequências de falar o que nos parece certo. Uma alternativa é permanecermos em nossa armadilha mental.

Digamos que você tente atender sua necessidade de contribuição. Com isso, uma versão simples de uma declaração não violenta seria algo como:

> Percebi que minha solicitação para assumir mais liderança foi adiada (Observação). Sinto-me frustrada com isso (Impacto sobre você). Adoraria ter a chance de contribuir mais para a equipe. Você estaria disposto a me designar para um projeto que me dê mais responsabilidade, até o final do mês?

Se a pessoa não atender à sua solicitação e você ainda estiver insatisfeito, pode ser a hora de uma mudança de estratégia. Em suma: só há três opções em qualquer situação: mudar a situação, mudar sua atitude em relação a ela ou sair.

E-mails

Os e-mails transformaram o cenário da comunicação. É muito fácil disparar uma mensagem danosa no calor da raiva ou se envolver com mensagens profissionais estressantes fora do horário de trabalho. Entretanto, os e-mails podem ser transformados em uma ferramenta de autoconscientização, por meio da utilização da abordagem de "e-mails não enviados". Se você estiver lidando com um e-mail sensível que tenha provocado pensamentos ou emoções estressantes, escreva uma resposta, mas guarde-a por pelo menos 48 horas (tempo suficiente para que sua resposta em forma de luta, fuga ou de congelamento se resolva). Você pode usar as cinco perguntas do processo HAPI como um guia. Após 48 horas, verifique se você sente a necessidade de enviar o e-mail de resposta. Se o impulso ainda perdurar, espere um pouco mais. Quando estiver pronto, use a estrutura de CNV que foi apresentada.

Reuniões

O excesso de reuniões destrói a moral e suga a energia da equipe. As reuniões parecem ter aumentado em duração e frequência nos últimos cinquenta anos, a ponto de os executivos passarem uma média de quase 23 horas por semana nelas, sendo que a média nos anos 1960 era de menos de dez horas (PERLOW *et al.*, 2017). Seguem algumas ideias que você pode tentar/sugerir em sua próxima reunião:

- Comece com uma pausa de abertura (consciente) para que os participantes possam se assentar com tranquilidade e respirar fundo.
- Incentive a vulnerabilidade em vez de se preocupar com o status. Um exemplo seria convidar as pessoas a: 1) compartilharem um sucesso do qual se orgulham, 2) compartilharem um desafio que estão enfrentando.
- Ouça para ter uma visão e não uma opinião. Use sua autoconsciência para perceber se seus pensamentos estão orientados para concordar/discordar do que está sendo dito na reunião ou se você está em sintonia com aquele momento em que você pensa: "Ahá! É isso!" e compartilhá-lo.
- Você pode perceber que as pessoas não costumam se opor e usar frases como: "Sim, mas..." Uma maneira simples de abrir a conversa, mantê-la fluida e facilitar o pensamento criativo é convidá-las a usar: "Sim, e...", para que elas possam desenvolver uma declaração anterior em vez de negá-la completamente.

Apresentações

Dependendo de seu contexto profissional, as apresentações podem inclinar-se para um extremo altamente técnico ou para um estilo sem profundidade no outro. Assim como a influência, o segredo para apresentações eficazes é equilibrar credibilidade e conexão enquanto você conta uma história. É importante compartilhar informações e ideias valiosas, mas é ineficaz se seu público não estiver interessado. Estimular a conexão humana utilizando histórias e humor, por exemplo, pode fazer toda a diferença. No final, a segurança psicológica — estabelecida com conexão e credibilidade — é essencial para que a informação seja transformada em ação pelas equipes.

Receber: paciência e reconhecimento

O capítulo até agora concentrou-se no que você pode fazer para agir com base nos conhecimentos que obteve de seu esforço para se libertar da Armadilha do Sucesso. Eventualmente, quando tiver feito tudo o que pode fazer, chega o momento de esquecer e retornar a um estado mais descansado e receptivo. Isso requer paciência enquanto você espera colher os frutos das sementes que plantou. A espera pode ser desconfortável caso tenha sido um profissional de alto desempenho, porque você está saindo do modo de "executor" ativo. Todavia, você tem as ferramentas para examinar esses estados de espírito desconfortáveis e uma delas, que é adicional, é o reconhecimento, do qual falamos na Parte Dois. Você reconhece o que fez até agora, sua coragem e sua dedicação, e celebra isso.

Libertando-se

A autoconsciência é uma ferramenta, mas também é uma forma de vida. Se você está consciente (atento) o dia todo, sua vida se torna uma oportunidade de se libertar continuamente de velhas armadilhas. Você tem conteúdo para praticar a autoconsciência e o autodomínio durante o dia todo: o colega que foi rude com você, o projeto que o está estressando, a decisão de deixar ou não seu trabalho. Cada uma dessas questões é composta dos mesmos componentes básicos (pensamentos e emoções). À medida que você diminui o ritmo e pratica, suas perspectivas mudam, suas possibilidades se multiplicam e sua vida se transforma de uma forma ou de outra.

Seria maravilhoso ser permanentemente livre; porém, na maioria das vezes, sentimos o gosto da liberdade e depois retrocedemos: são dois passos à frente para um passo atrás e tudo bem. A transformação é mais como uma espiral ascendente do que uma linha reta. Os capítulos finais examinarão alguns dos melhores pontos de viver fora da Armadilha do Sucesso e lidarão com a tomada de decisões em torno das novas possibilidades disponíveis para você.

CAPÍTULO 8

Transformando a incerteza em oportunidade

No Capítulo 1, olhamos para o mundo VUCA (volátil, incerto, complexo e ambíguo) do século XXI. Hoje, o mundo oferece muitas razões para estarmos ansiosos com o futuro. Não apenas o ritmo de vida é mais rápido, mas a maioria dos setores (sobretudo o dos empregos) está sujeita a disrupções imprevisíveis e rápidas devido à velocidade do desenvolvimento tecnológico. Do dia para a noite, setores tradicionais, desde a mineração de carvão até a mídia impressa, podem se ver desafiados pelas novas tecnologias e deixar o futuro de seus funcionários incerto. Desde a década de 1960, a ameaça de destruição nuclear em massa tem sido grande. Hoje estamos cada vez mais conscientes dos danos que fazemos ao nosso ecossistema e do risco crescente de eventos climáticos extremos. Entretanto, como já exploramos nos capítulos anteriores, a incerteza não precisa ser um problema.

Neste capítulo, continuamos nossa jornada fora da armadilha. Enquanto o medo da incerteza pode nos prender em uma vida segura e fazer o mundo parecer muito pequeno, estreito e repetitivo (vida dentro da Armadilha do Sucesso), abraçar a incerteza tem o efeito contrário: nos conecta a uma sensação de vastidão e possibilidade. Mudando nossa perspectiva, podemos transformar a incerteza em oportunidade e encontrar um senso de possibilidade, bem como de alegria, que nos ajuda a aproveitar ao máximo as cartas que nos são dadas. É aqui que descobrimos a possibilidade total de sermos humanos: fora da segurança da armadilha. Como diz o ditado: Um navio no porto está seguro, mas não foi para isso que os navios foram feitos (SHEDD, 1928).

O VIÉS DA ZONA DE CONFORTO

Como espécie, parecemos ser bastante avessos ao risco e ao esforço. Dada uma escolha entre desfrutar de um churrasco na praia ou escalar uma montanha, a maioria das pessoas escolheria a primeira. Experimentos cujo foco é a investigação de como avaliamos o risco mostram que preferimos evitar perdas a todo custo, mesmo que haja possibilidade de ganho. É claro que corremos o risco de ganhar, mas não se isso for comprometer o que já temos (TVERSKY; KAHNEMAN, 1991). Tal prática tem sido chamada de viés do status quo (KAHNEMAN et al., 1991): podemos também chamá-lo de viés da zona de conforto.

Como exemplo, em uma experiência, foi feita uma aposta com um grupo de pessoas com a seguinte instrução: "Vou jogar uma moeda. Se der coroa, você perde dez libras. Quanto você teria que ganhar, se o resultado fosse cara, para que a aposta fosse aceitável?" Em outras palavras, você precisaria ter uma chance de ganhar quanto antes de estar disposto a perder dez libras?

O que você faria? O que aconteceu foi que as pessoas queriam a garantia de receber mais de vinte libras, caso ganhassem, antes de aceitar a aposta. Elas queriam saber se poderiam ganhar o dobro antes de estarem dispostas a perder. Essa condição não está relacionada com a quantidade real de dinheiro em jogo. Os pesquisadores encontraram o mesmo viés em pessoas muito ricas (questionadas sobre jogar cara ou coroa e perder dez mil libras se desse coroa). Elas precisam sentir que poderiam ganhar vinte mil libras antes de se arriscar a perder metade disso (RICHARDS, 2013). A zona de conforto parece ser um viés enraizado: se tivermos escolha, preferimos nos ater ao que temos do que correr riscos, a menos que haja uma chance de ganhar um prêmio grandioso.

Três tipos de incerteza

Ao contrário da crença popular, os empreendedores são tão avessos às perdas quanto todos os demais (BROWN, 2014). O estereótipo no imaginário popular é o do audacioso Richard Branson e o de Elon Musk, que parecem apostar quantias impressionantes em uma única ideia ou produto. Todavia, as coisas não são bem assim.

Observe que a aversão à perda, à tomada de riscos e à incerteza não são totalmente iguais. Você ainda pode assumir um risco mesmo que seja avesso à perda ou prefira sua zona de conforto. Seria mais correto dizer que os empreendedores (e pessoas que assumem riscos) fazem uma escolha deliberada e consciente ao assumirem um risco. Eles reconhecem a incerteza e encontram maneiras inovadoras e criativas de transformá-la em oportunidade, haja vista que traçam estratégias para minimizar perdas enquanto assumem riscos que podem gerar ganhos enormes como forma de retorno.

Portanto, embora a incerteza seja um fato da vida, a atitude ou mentalidade que adotamos diante dela é o que importa. Ela define nossas ações, identidades e trajetórias profissionais. Enquanto a maioria dos seres humanos tende a evitar a possibilidade de perda (*aversão à perda* ou *viés da zona de conforto*), você pode adotar uma abordagem diferente. Vejamos três tipos de incerteza. Estas se baseiam no trabalho do economista Frank Knight (SARASVATHY, 2014).

Tipo 1: risco (quantificável e previsível)

Você sente que sabe a probabilidade de um resultado. Por exemplo, você pode estar ciente que tem mais ou menos metade da chance de conseguir o emprego que deseja, desde que tenha um desempenho razoável na entrevista. Esse tipo de situação pode parecer confortável e talvez um pouco entediante para aqueles que gostam de um desafio por causa de seu nível de previsibilidade.

Tipo 2: incerteza comum (quantificável, mas não previsível)

Você não sabe a probabilidade de um resultado, mas sabe que ele é possível. Pode ter encontrado um anúncio de emprego dos sonhos, mas não tem ideia de quais são suas chances de consegui-lo. Pode haver também muitas variáveis ou incógnitas. Por exemplo, você não sabe quantos candidatos estarão na entrevista, não tem ideia de como se compara a eles ou mesmo se suas habilidades correspondem ao que é necessário. Essa é claramente uma situação mais desafiadora, mas também muito emocionante se pensar nisso no sentido de se lançar a uma competição e ver o que acontece. Pelo lado negativo, pode parecer como se você estivesse em uma caçada sem fim, caso continue a se candidatar a empregos sem chegar a lugar algum, bem como se não tiver ideia do porquê.

Tipo 3: verdadeira incerteza – Knightiana (não quantificável nem previsível)

Você não tem ideia se o resultado que tem em mente é possível, muito menos quais são suas chances. Pode parecer impossível, já que ninguém jamais o atingiu antes, pelo menos pelo que você saiba. Talvez o trabalho perfeito ainda não exista, e você precise inventá-lo e criar a estrutura para isso. Nesse sentido, recomenda-se dar um passo de cada vez, fato que pode até parecer um tiro no escuro, mas cada tentativa lhe dá novas informações, oportunidades e conexões. Trata-se do início de um ciclo criativo. Assim, com a reiteração constante de tal atitude, você vai começar a discernir as probabilidades com mais clareza, ou, até mesmo, poderá sentir que algo só parecia impossível até que foi feito. Quando seu foguete espacial privado foi finalmente lançado, 17 anos após o início do projeto (SpaceX), Elon Musk afirmou: "Sempre pensei que fracassaríamos, portanto, considero tudo isso uma vantagem" (CLIFFORD, 2019).

Ao iniciar sua carreira, você pode estar operando no contexto dos dois primeiros tipos de incerteza. À medida que você adquire experiência, habilidades e conexões, chega o momento de sair da Armadilha do Sucesso e procurar a oportunidade certa. Isso não significa que você tenha que abrir seu próprio negócio, embora essa seja uma opção, mas que pode encontrar maneiras de se desenvolver enquanto estiver empregado em uma organização, como tomar mais iniciativa, trazer ideias inovadoras e influenciar outros a aderir às ideias que fazem parte do seu Ciclo Criativo.

Respondendo à incerteza

Muitas vezes surge uma sensação visceral, que também é física e surge de forma instintiva, toda vez que adentramos o desconhecido. Porém, vale dizer que você se acostuma com isso. Essa é a mentalidade empreendedora, que exploraremos com mais detalhes no próximo capítulo. Lidar com a incerteza de forma criativa e produtiva é, sem dúvida, uma característica fundamental da mentalidade empreendedora. Entretanto, embora tal característica seja frequentemente associada a empreendedores, ela é cada vez mais reconhecida como essencial para a liderança do século XXI e como uma habilidade comportamental para todos que trabalham em um mundo VUCA incerto (BARTON *et al.*, 2012; BENNETT; LEMOINE, 2014).

O que realmente significa lidar com a incerteza? Os empreendedores correm riscos desnecessários e perigosos para se divertirem? Eles são viciados na adrenalina do mundo dos negócios? Se esse fosse o caso, o empreendedorismo só atrairia as personalidades mais despreocupadas e imprudentes. Ainda assim, há muitos empreendedores que constroem seus negócios de forma lenta e progressiva ao longo de décadas, gerando empregos, bem como criando produtos e serviços de valor para a sociedade.

O segredo é que a vida é essencialmente incerta. Trabalhar em uma organização pode nos proteger da experiência visceral da incerteza, pois acreditamos que a organização ainda existirá amanhã e podemos contar com ela na obtenção de um salário, um lugar para trabalhar etc. Contudo, ninguém pode prever o que acontecerá no próximo ano ou mesmo no próximo momento. A capacidade de reconhecer essa incerteza enquanto se mantém calmo e criativo gera o autodomínio e a autoliderança, que lhe dará a liberdade de escolher. Como Kierkegaard (2017) disse: *a ansiedade é a vertigem da liberdade.*

RESPONDENDO À INCERTEZA

Usaremos a estrutura do ciclo emocional da mudança do Capítulo 6 para mostrar como você tende a responder à incerteza. Isso o ajudará a ver quais pontos fortes você pode aproveitar e o que pode melhorar para ser capaz de abraçar o desconhecido, bem como atuar com mais liberdade e fluxo no século XXI. A autoliderança — a capacidade de abraçar o desconhecido e permanecer centrado mesmo que todos os outros tenham se perdido no medo — é a base da liderança moderna. Como você responde à incerteza?

1. Otimismo desinformado/cego (É isso aí! Eu adoro mudanças!)
   a. Vantagem: boas ideias e entusiasmo.
   b. Desvantagem: risco de não transformar ideias em ação, resultados e remuneração.

2. Pessimismo informado (Hum, isso é um pouco complicado e pode demorar um pouco...)
   a. Vantagem: pode ver as armadilhas.
   b. Desvantagem: com tanta autocrítica, é pouco provável que você saia da zona de conforto ou que tome iniciativa em relação a ideias.

3. Vale do desespero (*%$#!! Não tenho ideia do que está acontecendo!)
   a. Vantagem: pode desenvolver resiliência e alta tolerância ao risco com autoconsciência suficiente.
   b. Desvantagem: desistir cedo.

4. Otimismo informado (Certo, isso pode funcionar de uma maneira inesperada. Vamos ver onde estão as oportunidades).
    a. Vantagem: equilíbrio certo entre as ideias e a ação positiva.
    b. Desvantagem: pode esquecer de envolver pessoas ou conseguir apoio.

Agora, testaremos seu desejo de risco e abertura à experiência. Se você está pronto para um novo tipo de trabalho, qual será a sua abordagem?

A. Esperar até realmente precisar se candidatar a um novo emprego ou se candidatar a empregos que provavelmente conseguirá. Talvez você calcule mentalmente as chances de sucesso, como, por exemplo, descobrindo o número total de candidatos e investigando os perfis deles. Pode ser, também, que você espere até a próxima seleção para ter tempo de adquirir uma nova qualificação ou ganhar mais experiência. Além disso, você odeia se autopromover e espera que alguém finalmente perceba o grande talento que tem e lhe dê a chance merecida.
B. Você usa sua intuição para guiá-lo sobre onde procurar emprego e candidatar-se a vagas, mesmo que estas não estejam ao nível do seu perfil profissional, desde que lhe pareçam interessantes. Você não presta tanta atenção às probabilidades, mas se empolga com o processo, além de acumular todas as habilidades necessárias o mais rápido possível, bem como faz novos contatos, por meio da solicitação de entrevistas informativas. Mais que isso, você não é tímido quanto aos talentos e experiências que possui e os apresenta como uma vantagem clara para seu novo empregador em potencial.
C. Não importa se o trabalho já existe, pois você mesmo vai criá-lo, seja dentro de uma organização ou abrindo seu próprio negócio. Você está sempre procurando em seu ambiente oportunidades emocionantes, e, por consequência, alcança grandes ideias, as quais testa e aprende até chegar ao ponto ideal — *Ikigai*! (Veja o Capítulo 7.)

Rumo às oportunidades

A ideia de desbravar o desconhecido não é uma situação que a maioria das pessoas acha divertido ou, de maneira regular, gosta de se envolver — afinal, nosso cérebro tenta evitar a perda a todo custo e o desconhecido implica um risco de perda — mas, como podemos ver, assumir um risco e entrar no desconhecido pode ser a porta para a verdadeira liberdade e realização na vida. Trata-se da porta de saída da Armadilha do Sucesso.

Pode ser tentador acreditar que existe um trabalho perfeito por aí que fará você se sentir feliz enquanto lhe paga bem. Talvez você encontre o cargo ideal que o desafia e o apoia da maneira correta... Mas, pela minha experiência, essa oportunidade não costuma acontecer quando você se esconde em sua zona de conforto.

ESTUDO DE CASO — A cirurgiã que abraçou a incerteza

Athena, uma cirurgiã talentosa, realmente queria reduzir o trabalho clínico do dia a dia e se concentrar mais na pesquisa global em saúde e no trabalho humanitário. Para isso, precisaria realocar a família para outro país, que seria o local onde prestaria assistência a comunidades que estivessem sem acesso a cuidados cirúrgicos básicos, os quais eram de sua especialidade. O plano dela era seguir o caminho acadêmico tradicional e concluir um doutorado e o desafio era conseguir o financiamento para seu projeto de pesquisa dos sonhos. Ela estava focada nesta única meta e não estava conseguindo progredir, apesar de muitas tentativas.

Utilizando o processo HAPI apresentado no Capítulo 6, trouxemos consciência para seus padrões em torno da incerteza. Ela percebeu uma necessidade de controle e um apego ao resultado desejado. Além disso, começou a perceber como isso não ajudava. Como ela permitiu-se relaxar em sua situação atual, novas oportunidades começaram a surgir: convites para dar palestras internacionais e participar de programas filantrópicos. Seus chefes não puderam ajudá-la o suficiente e encontraram maneiras de sustentar seu cargo para que ela pudesse permanecer na equipe enquanto as coisas se resolviam. Seu status como sucessora de um de seus mentores foi consolidado e seu futuro na saúde global estava quase certo no final de um ano. Certo dia, enquanto escrevia um pedido de financiamento, Athena percebeu que talvez fosse o momento de deixar seu cargo e concentrar-se em sua pesquisa e trabalho de saúde global. Ela notou que ainda podia sustentar financeiramente a si e a família. Isso lhe daria total liberdade para fazer o que amava. Por acaso, a Unicef a contatou para fazer parte de uma de suas forças-tarefas, dentro da sua área de interesse, enquanto, até então, era impossível conectar-se com as pessoas da organização! Ao abraçar a incerteza, ela desenterrou uma mina de ouro de oportunidades. Como resultado de sua coragem e dedicação, as oportunidades começaram a encontrá-la. Então, ela estava no fluxo.

O resultado que você quer em sua carreira ou vida pode não ocorrer exatamente como imaginou ou pode não acontecer no momento desejado. Todavia, ao deixar para trás a necessidade de erradicar a incerteza, manter a segurança e controlar os resultados, você será capaz de identificar as oportunidades disponíveis e permitirá que um resultado satisfatório se desenvolva no tempo certo. A consequência disso se desdobra mais rápido do que continuar forçando um resultado e você também pode ficar surpreso, de maneira positiva, com o que pode acontecer. Muitas vezes algo muito melhor virá ou você perceberá que a oportunidade já estava bem na sua frente. Entrar no desconhecido gera uma onda de oportunidades, incluindo a de criar impacto, de fazer algo significativo e a de inovar. Em última análise, é uma chance de cocriar experiências e coisas e tudo isso em conjunto com as pessoas e circunstâncias ao seu redor.

A oportunidade de criar impacto

Pense nas pessoas que você admira. Elas podem não ser perfeitas, mas provavelmente o inspiram e encorajam. Para mim, são geralmente pessoas que enfrentaram grandes desafios e mudaram as coisas. Fico tranquila em saber que cientistas e ativistas sociais que desafiaram as expectativas de seus tempos, como Martin Luther King, Galileu, Gandhi, Malala Yousafzai e Madre Teresa enfrentaram uma grande incerteza e a abraçaram como parte de seu destino. Sendo assim, a coragem deles trouxe novas possibilidades para o mundo.

A oportunidade de fazer algo significativo

Ações simples podem ter um grande significado. Pense em Rosa Parks ou Greta Thunberg. Muitas pessoas permanecem ocupadas em empregos nos quais desempenham atividades sem sentido. Mas, com sorte, agora você já sabe que fazer uma infinidade de coisas desnecessárias para alcançar uma meta não é a melhor estratégia. Ao abraçar o desconhecido, mesmo com pequenas ações, temos a chance de transformá-las em algo significativo. Todavia, você precisa estar disposto a se posicionar em relação ao que acredita. A partir disso, você vai experimentar um senso de alinhamento com seus valores mais profundos, mesmo que a situação, por vezes, se torne difícil. O medo da visibilidade e o medo da rejeição são os maiores inimigos a se reconhecer.

A oportunidade de inovar

Ao abraçar o desconhecido, você se torna capaz de dar mais espaço à sua criatividade e passa a ter capacidade de pensar fora da caixa, como afirma a maioria dos empreendedores. Tais princípios se aplicam tanto a indivíduos quanto a organizações. Você pode criar a oportunidade de inovar e liderar. A inovação requer um risco que se transforma na mudança de algo (o produto, os serviços ou o público que fizeram você ou a organização ter tanto sucesso no passado). As organizações que não assumiram riscos, bem como não inovaram, por exemplo, a Kodak e a Blockbuster, tornaram-se obsoletas porque permaneceram em sua zona de conforto e saíram do mercado. Essa é a chamada Armadilha do Sucesso Organizacional e resulta de uma preferência por estratégias de negócios que se mostraram bem-sucedidas no passado em detrimento do aprendizado e da experimentação (ASKVIK, 2002). Desse modo, você poderá enxergar os paralelos em nível individual, bem como a partir do Paradoxo do Alto Desempenho.

O QUE ABRAÇAR A INCERTEZA NÃO SIGNIFICA

O oposto de abraçar a incerteza denomina-se intolerância à ambiguidade. Em 1949, um professor de Psicologia em Berkeley, Califórnia, estudou a relação entre tolerância à ambiguidade e autoritarismo. O trabalho de Else Frenkel-Brunswik lançou uma base para entender como nossa atitude em relação à incerteza, complexidade e imprevisibilidade afeta nossas decisões na vida. Seguem as nove características principais que descrevem a intolerância à ambiguidade (BOCHNER, 1965):

1. necessidade de certeza;
2. necessidade de categorizar e classificar as coisas;
3. incapacidade de permitir a existência de características boas e ruins na mesma pessoa;
4. ver a vida em preto e branco;
5. uma preferência pelo familiar em detrimento do desconhecido;
6. rejeição do incomum ou diferente;
7. resistência à inversão de uma situação;
8. apegar-se a uma única solução em uma situação ambígua;
9. ação e desfecho prematuros.

Você reconhece alguma dessas características em si ou nos outros? Se sim, não se preocupe. Todos nós as temos até certo ponto. São atitudes sustentadas por crenças inúteis que podem ser exploradas usando as ferramentas apresentadas neste livro (autoinvestigação e autodomínio). Um exemplo é: "Eu preciso saber as respostas agora", como vimos no Capítulo 6. Como seria a vida se você esquecesse a seguinte crença: "Preciso saber as respostas antes de sair da minha zona de conforto"? O que se tornaria possível sem essa crença?

É provável que seja melhor enxergar sua tolerância à ambiguidade como uma mentalidade fluida, em vez de uma nova personalidade que você precisa adquirir. Às vezes, você se sente confiante, às vezes, não. A boa notícia é que a confiança não é um requisito de ação e você tem ferramentas para transformar crenças limitantes para ter mais liberdade de escolha. O empenho em fazer esse esforço o coloca em vantagem porque as carreiras do século XXI são complexas e incertas. Se você pode ser paciente mesmo diante de situações ambíguas e de informações complexas, você expande suas oportunidades de impacto positivo e significado (XU; TRACEY, 2015).

Vivendo da possibilidade: autoliderança em ação

Caso você tenha se permitido diminuir seu ritmo (revisite o Capítulo 5 para conseguir dicas e estratégias), assim como deu algum espaço à sua mente e fez amizade com o desconhecido, usando o processo HAPI do Capítulo 6, por consequência, você terá mais capacidade de ter grandes ideias para seu próximo passo rumo a um trabalho, projeto ou missão na vida, os quais pareçam mais alinhados com seus valores. Além disso, terá mais energia para seguir em frente e agir. Pode ser tão simples quanto tirar um dia de folga e se organizar ou tomar um café com aquela pessoa que você conheceu em uma conferência no mês passado. Sendo assim, as oportunidades se multiplicarão porque você abriu espaço para elas e está dando um passo adiante.

Relembre-se da talentosa cirurgiã do estudo de caso anterior neste capítulo. Ao deixar para trás seu apego a como seu trabalho de saúde global deveria ser e de onde o financiamento deveria vir, ela começou a fazer novas conexões e a participar de novos debates. Por coincidência, novas oportunidades começaram a surgir, o que desencadeou novas colaborações e uma reestruturação do seu trabalho, de modo que ela pôde incluir mais tarefas de saúde global e as reduziu no hospital do Reino Unido. Todavia, em determinado momento, ela tinha mais oportunidades do que podia dar conta. A pressão para chegar a um destino começou a aumentar, e ela começou a desfrutar das oportunidades que foram surgindo, pois começou a visualizar o longo prazo. Vale ressaltar que sua energia positiva e seu equilíbrio obviamente ajudaram a atrair novas oportunidades, o que transformou uma *pessoa que soluciona problemas* (Como posso conseguir financiamento e fazer isso acontecer?) em uma *pessoa que abraça as oportunidades* (Qual é a próxima oportunidade no meu caminho?).

Se você não estiver vendo novas oportunidades em seu caminho, volte à Parte Dois e use algumas das ferramentas para criar espaço, como a auditoria energética e as perguntas de autoinvestigação, a fim de perceber se algum pensamento limitante está fluindo na sua mente. Mais importante ainda, diminua a velocidade e vá mais fundo, ainda que você pense já ter se dedicado a resolver uma crença limitante. É de se surpreender a profundidade de tais crenças e o que pode surgir à medida que você explora suas suposições. Meus clientes sempre dizem que achavam que sabiam qual era o problema até descobrirem algo diferente que os estava limitando.

Se você está familiarizado com os fundamentos da autoinvestigação, seguem algumas práticas e princípios mais avançados para se levar a vida fora da Armadilha do Sucesso, e, a partir delas, desfrutar de possibilidades.

Expanda sua tolerância às possibilidades prazerosas

Quando foi a última vez que você experienciou um senso de aventura? Ou jogou algo desafiador e divertido? É assim que procurar um novo cargo ou carreira para si pode parecer sob a perspectiva de uma possibilidade prazerosa. Muitas vezes, as pessoas que estão na Armadilha do Sucesso sentem que perderam o senso de aventura, espontaneidade e diversão, sensações estas que se lembram desde a adolescência ou quando tinham vinte anos. Por outro lado, ao final dos trinta anos, suas responsabilidades são enormes: crianças, hipotecas etc. Contudo, tornar-se responsável não significa que você tenha que se privar (ou sua família) de uma possibilidade prazerosa.

Meus pais deixaram seu país de origem quando tinham cerca de quarenta anos e recomeçaram praticamente do zero. Foi um dos momentos mais incertos da minha vida, mas também um dos mais emocionantes por causa das novas possibilidades que surgiram. Ver o dinamismo, a desenvoltura e a resiliência de meus pais para enfrentar desafios era animador. Eu tinha neles modelos de coragem, e, também, estávamos mais próximos como família.

Afinal, a felicidade não é apenas segurança, mas a liberdade de agir em conformidade com aquilo que você sabe ser legítimo e valioso. Muitos filósofos têm argumentado isso, como Amartya Sen, vencedor do Prêmio Nobel de Economia (SEN, 2001), ou mesmo Aristóteles, que afirmou em seu livro Ética a *Nicômaco*: "ser um bom ser humano é ser feliz, e a felicidade é uma atividade da alma expressando virtude" (DOWLING; YAP, 2012).

Como você pode começar a associar o risco ao prazer novamente? Reintroduzir jogos e espontaneidade pode funcionar. Transformar tarefas em jogos é outro truque. Os psicólogos chamam tudo isso de gamificação. Você já notou como um jogo não é divertido se for fácil demais? Por definição, um jogo requer obstáculos e incerteza. Escolha um desafio para si e veja se pode transformá-lo em um jogo. Permita-se sentir a alegria proporcionada pela diversão e entretenimento, independentemente do resultado. Celebre o fato de jogar e abandone a necessidade de ganhar ou o medo de perder.

Como exemplo, se você teme rejeição, um jogo que meu coach me sugeriu é acumular NÃOs. Sua única tarefa é fazer o maior número possível de solicitações (convites para café, participação em reuniões de diretoria ou candidaturas a empregos) e celebrar as rejeições. Por quê? Porque elas não são um reflexo de seu valor, além de serem um sinal de sua coragem e vontade de viver da possibilidade. Também são um indicador de que você está agindo. Como você pode imaginar, a rejeição se torna menos assustadora se vista como resultado e as oportunidades que você, em um momento anterior, achava impossíveis, podem se materializar. Em suma: os "sims" inevitavelmente seguem os "nãos", desde que você não desista. *Harry Potter*, de J. K. Rowling, foi rejeitado por 12 editoras. Assim como disseram aos Beatles que bandas com guitarra eram coisa do passado. Você pode usar esse jogo para qualquer coisa, desde expandir sua rede e fazer entrevistas de emprego, até mesmo para conseguir encontros. Dito isso, aprecie o livro *Go for no! Yes is the Destination, no is How you get There* (FENTON; WALTZ, 2010).

Claro, um bom jogo não é um passeio no parque. Muitos desafios surgirão, incluindo pensamentos de sua mente (crenças limitantes relacionadas a dinheiro, autoestima, capacidade etc.) assim como emoções intensas relacionadas ao fracasso e rejeição. Você tem as ferramentas do Capítulo 6. Um bom indicador de que você deve aceitar uma possibilidade — como candidatar-se a um emprego ou pedir demissão — é a maneira como se sente em um nível mais sutil. Se isso evoca algo entre medo e empolgação (que têm a mesma fisiologia, mas histórias diferentes sobrepostas), você está no caminho certo. É claro, critique sempre sua sabedoria interior e teste a ideia se puder, assim como descrito no Ciclo Criativo.

Uma crença limitante é sempre uma crença que não foi questionada

Conforme você entra no desconhecido, seu sistema límbico (a parte emocional de seu cérebro que busca prazer e evita a dor) pode se tornar superestimulado, e, por consequência, pode ocorrer o sequestro límbico do qual falamos nos Capítulos 5 e 6. Com isso, surgem diversas memórias antigas e narrativas inúteis para sinalizar um perigo iminente, bem como para o fazer permanecer em sua zona de conforto. Por exemplo, se seu *modus operandi* é estar constantemente ativo, esta é sua zona de conforto. O desafio para você é diminuir o ritmo. A mente despertará todo tipo de lembranças de quando você não fez seu dever de casa e sofreu consequências terríveis e foi chamado de "preguiçoso".

Um medo clássico de profissionais de alto desempenho é que, caso parem, nunca mais consigam avançar de novo. Outro medo é a crença de que tiveram êxito no passado porque foram constantemente ativos, vigilantes e ansiosos. Nesse caso, suas crenças limitantes sobre o que significa diminuir o ritmo e tirar um tempo para descansar são os impeditivos de aceitar a situação com coragem e sabedoria, bem como de catalisar o próximo grande feito da sua vida: é o *Paradoxo do Alto Desempenho*. Ressalte-se que seu sistema límbico é tendencioso. Ele favorece o conforto do que já é conhecido, por exemplo: "Estar constantemente ocupado e estressado funcionou para mim no passado, então vou apenas continuar mesmo que me sinta exausto, ansioso e miserável." Caminhar fora de sua zona de conforto não é tarefa do sistema límbico; sua tarefa é garantir a sobrevivência com base em padrões antigos. Explorar o desconhecido e as novas oportunidades é tarefa de seu córtex pré-frontal, mas você não será capaz de escutá-lo se estiver constantemente ocupado e ativo.

Por essa razão, a meditação e outras ferramentas de mindfulness são tão úteis, haja vista que a partir disso torna-se possível detectar quando se passa de um modo aberto e relaxado para um modo estressado. Você também pode notar que os pensamentos em sua mente se multiplicam e são bastante críticos: "Isso não vai dar certo", "Você está sendo bobo", "Quem você pensa que é?", "Você está sendo preguiçoso" etc. Esse é o fenômeno do impostor: um conjunto de crenças e suposições que contêm essencialmente uma mensagem: *você não é bom o bastante*. Ele o mantém cego diante do seu profundo potencial e para novas possibilidades. Então, questione tais pensamentos e observe um senso de abertura: a mente de principiante. A partir daí torna-se mais fácil perceber novas possibilidades e agir.

A cura para a dúvida é a dedicação

Permanecer no desconhecido não implica ser continuamente atormentado pela dúvida, tendo em vista que pode se tornar uma experiência tranquila e animadora, pois você se permite relaxar e aceita que novas ideias e percepções surjam sem pressão ou julgamento, ou seja, está em um estado de mindfulness. Um reconhecimento de estar na fase de "não saber" no Ciclo Criativo ou na parte confusa do ciclo emocional da mudança é um alívio imenso se você estiver saindo de sua zona de conforto e passando por mudanças. Você pode se comprometer a estar em paz, exatamente onde se encontra, mesmo que não tenha a menor ideia de onde está. Quando me sinto completamente cheia de incertezas e comprometida em estar naquele momento, já sinto um peso sumir das minhas costas. Muitas vezes, continuo a fazer o que fazia antes, dando um passo de cada vez.

Se você estiver com dificuldade para se livrar de uma dúvida durante um período de mudança ou preparação para a mudança, seguem algumas ideias:

- Comprometa-se a não saber, dizendo: "Comprometo-me a não saber as respostas nesse momento e estou aberto a sugestões".
- Comprometa-se a fazer o que está na sua frente (seja organizar seus documentos ou liderar uma reunião).
- Comprometa-se com um pequeno passo: envie um e-mail a alguém para uma entrevista informativa (para saber mais sobre seu setor ou atividade); marque uma visita a uma organização do seu interesse; ou vá para uma galeria ou ambiente natural, com o fim de buscar inspiração.
- Comprometa-se a investigar qualquer pensamento estressante usando a autoinvestigação e o processo HAPI.
- Comprometa-se a ajudar outra pessoa com o(s) mesmo(s) problema(s) com o(s) qual(is) você está lidando e veja as ideias surgirem à medida que escuta (sem corrigir ou salvar, apenas escutando e sendo solidário).

O risco ao lidar com o desconhecido é que você seja sugado por pensamentos ansiosos como: *"E se?"* O compromisso com o desconhecido e com qualquer ação criativa que cultive abertura, conexão e curiosidade muito provavelmente o ajudará a se livrar do medo e alcançar a sintonia existente naquele momento em que você pensa: "Ahá! É isso!" Tal situação fará com que você se livre dos pensamentos repetitivos e ansiosos.

Em caso de dúvida, melhore seu autocuidado

Se você é um profissional de alto desempenho (quer seja da variante de impostor ou de salvador), sua tendência é ser duro consigo por não saber todas as respostas. De agora em diante, convido-o a focar no autocuidado. É mais eficaz reunir seus recursos quando se está diante de uma situação confusa, do que se pressionar por meio de autocrítica ou de atividades trabalhosas que não possuem foco. Estar cansado, sobrecarregado e isolado pode colocá-lo em um sequestro límbico e fazer as coisas parecerem muito piores.

Permita-se abandonar expectativas

Apesar do medo de rejeição e da necessidade de pertencimento, os quais foram descritos antes, sair da Armadilha do Sucesso de forma definitiva requer que você se torne o autor de sua vida, indo adiante. Você está disposto a ir contra a corrente para formar uma carreira e uma vida que pareça mais alinhada? Você é capaz de se autoliderar e saber que o local da tomada de decisões está profundamente enraizado dentro de si e não em fontes externas de autoridade? Você pode até pensar que está livre das influências externas, mas pode se surpreender se olhar com mais cuidado para o que o está impedindo. Ao questionar crenças e narrativas limitantes que surgem, você se liberta para escrever uma nova história momento a momento: você se torna autoritário no melhor sentido. Nesse ponto, uma nova identidade — como empreendedor, artista, escritor, educador etc. — pode emergir. É um novo papel que você pode interpretar e deixar de interpretar quando necessário. Você pode levar consigo uma identidade antiga, não como uma armadilha, mas como um recurso.

Lembre-se pelo que você está disposto a fracassar

Nos momentos mais difíceis da mudança, quando a incerteza for grande, em primeiro lugar, vale lembrar da motivação para atravessar este meio confuso: pelo que você está disposto a fracassar. É aqui que o senso mais profundo de quem você é (incluindo seu propósito, missão, valores ou o que Simon Sinek (2020) chama de seu "Por quê?") pode vir em seu auxílio para reforçá-lo. Pode ser sua família, um ente querido ou uma causa além de você mesmo. Trata-se de lembrar as coisas maiores que realmente importam para você, coisas pelas quais você colocaria tudo em jogo.

Mais importante: não pergunte como você pode encontrar um emprego que lhe traga bem-estar ou que pague bem. Pergunte o que você está disposto a fazer. Sucesso superficial é fazer algo que faça você se sentir vazio por dentro, mas que pareça ótimo por fora. A liberdade e a verdadeira felicidade seguem a sabedoria e a inspiração de seu próprio gênio interior, mesmo que às vezes pareça difícil.

A ação supera a perfeição: experimente e aprenda

Você já teve uma visão, mas não age, só procrastina? Você vê uma nova oportunidade, mas tem medo de experimentá-la? Você está se esforçando para ser o candidato perfeito antes de se candidatar a um emprego que interesse? Em caso de dúvida, dê um pequeno passo adiante e veja o feedback que receberá. Desse modo, você pode mudar de perspectiva, e, de forma repentina, obter mais clareza. Talvez perceba que esse definitivamente não é o trabalho certo para você, mas está feliz por ter comparecido à entrevista porque fez novas conexões. Você experimenta, aprende e amplia seu círculo de conexões e percebe que não existe tal coisa como fracasso: tudo é aprendizado.

Busque o impossível!

A grande vantagem de estar disposto a abraçar a incerteza e enfrentar o desconhecido é que coisas que pareciam impossíveis podem começar a se materializar. Uma oportunidade finalmente se abre, você vai a uma reunião e a pessoa que você tem tentado contatar está lá. Enquanto permanece no processo, o acaso vem em seu auxílio. Nesse sentido, estar menos apegado aos resultados também significa que você é capaz de aproveitar o processo. Tal prática dará a você mais energia para permanecer envolvido com o processo, o que possibilitará a criação do ciclo virtuoso da mudança, que, por fim, se completará. Você pode ter uma visão genial de como arrecadar um milhão de dólares para ajudar a impedir o tráfico humano ou para financiar os estudos de mil meninas na África subsaariana. Não importa o que exatamente, desde que seja isso que te motive a dar um passo adiante, visto que, uma vez que você dá um passo, o próximo se torna claro.

A visão do especialista em cultura de trabalho e liderança Simon Sinek é a de um mundo onde as pessoas acordam inspiradas, se sentem seguras e valorizadas no trabalho e voltam para casa sentindo-se realizadas. Ele chama isso de jogo infinito porque pode não se materializar em vida (SINEK, 2020). Sinek apenas vê a si mesmo executando uma parte na sinfonia maior da vida. Para você, pode ser um mundo sem guerras, câncer ou doenças mentais. Você não está em competição com ninguém, está simplesmente fazendo a sua parte. Revisitaremos essa ideia no Capítulo 10.

Portanto, fazer parte de um plano maior não significa que você deve descuidar de suas próprias necessidades e da segurança. Recomendo fazer uma avaliação sóbria de suas necessidades materiais, bem como financeiras e garantir que elas sejam cobertas de uma forma ou de outra. Entretanto, a diferença entre viver na armadilha e fora dela, encontra-se no fato de que suas necessidades materiais são uma base e não uma meta. Isso também significa que suas exigências materiais são mantidas finitas enquanto sua capacidade de se envolver com as oportunidades ao seu redor se torna infinita.

Viva na zona da aprendizagem

Se você já tentou algo novo, sabe exatamente como é entrar no desconhecido. É como a sensação que se tem quando alguém diz "Pule" e você não tem certeza se é seguro, mas você já observou outros fazendo isso e sabe que estão seguros do outro lado, além de orgulhosos do seu feito. Você sente um pequeno frio na barriga e a euforia de dar o salto. A fisiologia é a mesma: seja antes de um *bungee jump*, enviando um e-mail em que pede um aumento, falando em uma reunião ou mesmo enviando sua carta de demissão.

O segredo para não ter burnout ou perder-se em um labirinto de expectativas é permanecer consciente de si mesmo. Com o auxílio da autoconsciência e da curiosidade, você pode fazer a si mesmo as perguntas certas e aprender e desaprender continuamente, a fim de ajustar sua mentalidade. Claro, pode ser que você perca o equilíbrio, contudo você sabe que pode lidar com isso. Qualquer medo ou estresse pode ser examinado com a autoinvestigação e dissolvido com o autodomínio.

A zona de aprendizagem está em algum lugar entre a zona de conforto dos hábitos automáticos e expectativas antigas, e a zona de perigo onde seus instintos de sobrevivência estão fora de controle, levando-o ao pânico ou ao congelamento. Na zona de aprendizagem, você dá passos suaves e consistentes, bem como caminha pelo mundo incerto em que vivemos adquirindo uma clareza mental, que o torna capaz de discernir oportunidades genuínas de ameaças e, por fim, lhe dá a habilidade de agir com sabedoria.

Nos próximos dois capítulos, analisaremos a mentalidade empreendedora com mais detalhes. Aprenderemos como aplicá-la à sua carreira e como criar uma cultura de trabalho na qual as pessoas tenham mais liberdade para contribuir de forma autêntica.

CAPÍTULO 9

Da mentalidade de empregado-especialista à mentalidade de empreendedor-líder

Vivemos em uma época ideal para abrir um negócio. A internet democratizou o acesso à informação assim como as oportunidades de compartilhar uma mensagem, produto ou serviço, em uma escala sem precedentes e com um investimento mínimo (PRIESTLEY, 2013). As despesas gerais para abrir um negócio são potencialmente insignificantes, em especial, porque não é preciso necessariamente investir em instalações físicas. Com a disponibilidade de plataformas de microempreendedores, serviços gratuitos ou quase gratuitos na nuvem e opções de *crowdfunding*, as barreiras materiais para abrir um novo negócio são quase insignificantes. As tendências estatísticas sugerem que a Geração Z (os sucessores dos millennials) estão ansiosos para se lançar ao empreendedorismo. Eles estão mais preocupados com o estigma de não terem aberto um negócio antes dos trinta anos, do que com o fracasso (KOULOPOULOS, 2015).

Embora ser dono de empresa não seja para todos, ser empreendedor é cada vez mais vantajoso e não precisa ser sinônimo de abrir um negócio. Seu espírito empreendedor pode se manifestar enquanto você trabalha em uma organização tomando iniciativas, gerando ideias inovadoras e transformando incertezas em oportunidades. Também pode se manifestar na forma como você orienta sua carreira criando oportunidades e funções que fazem sentido a você e contribuam para sua organização, bem como para a sociedade.

Uma coisa que espero que fique clara neste livro é que você não precisa abrir mão de sua autonomia, comprometer valores importantes ou enfrentar dificuldades sozinho para se sentir realizado em seu trabalho ou carreira. Pelo contrário. O que você quer está muitas vezes mais próximo do que imagina, logo atrás de uma muralha de medo. O segredo é trazer a consciência para os obstáculos percebidos, questionar antigas maneiras de ser e de pensar, as quais criam medo e confusão e aproveitar seu gênio interior para guiá-lo. Você já fez o trabalho pesado na Parte Dois. Agora, pode integrar proativamente novos insights e ideias criativas em sua maneira de trabalhar e liderar, em outras palavras: criar uma mentalidade empreendedora.

A capacidade do empreendedor de inovar, escalar e operar com mais autonomia requer uma tolerância à incerteza. No último capítulo, analisamos os diferentes tipos de incerteza e como os empreendedores lidam com a aversão à perda que todos nós temos. Mas qual é a principal característica do empreendedorismo? Podemos aprendê-lo e aplicá-lo em carreiras tradicionais? O empreendedorismo é uma questão de ganhar dinheiro? Ou é o futuro da cultura de trabalho? Este capítulo explora a mentalidade empreendedora. Exploraremos como ela se difere da mentalidade de empregado, como ela pode ajudar os profissionais a passar de especialista técnico para líder e como você pode desenvolver seu próprio empreendedorismo e aplicá-lo à sua carreira e missão na vida.

De empregado a empreendedor

É difícil superestimar o impacto de uma mudança de mentalidade ao passar de empregado a empreendedor (você tem as ferramentas na Parte Dois). Como empregado, você pode muito bem achar aceitável fazer algo que não ama apenas pelo salário e pelo estilo de vida. Você normalmente tem um cronograma a seguir que lhe dá estrutura e normalmente recebe alguma forma de responsabilidade, bem como tarefas e metas. Além disso, você tem disponíveis oportunidades de conhecer pessoas todos os dias, apenas comparecendo ao trabalho. Por fim, você pode até mesmo ter a chance de continuar aprendendo e se desenvolvendo com treinamentos corporativos, apoio de colegas ou mentorias.

Como empreendedor, nada disso é oferecido. A solidão, a falta de estrutura, a ausência de orientação e a alta incerteza são experiências diárias e podem ser paralisantes. Se você não estiver preparado ou não tiver fontes de apoio, é muito provável que você se sinta desmotivado e desista. Por essa razão, antes de dar um salto na direção de abrir seu próprio negócio, muitas vezes é mais fácil ter um negócio paralelo ou construí-lo de forma lenta, enquanto se paga as contas com um emprego convencional. Portanto, migrar de empregado para empreendedor pode ser um choque e tanto para o sistema. Estatísticas de startups sugerem que a razão mais comum de as pessoas abrirem um negócio é estarem prontas para serem seu chefe, seguida por desejarem seguir uma paixão (MANSFIELD, 2019). Então, caso você esteja pronto, perder o ponto de partida pode levar à frustração e à desilusão.

Seguindo-se tal linha de raciocínio, você pode estar pronto para uma mudança de mentalidade de empregado para empreendedor se estiver passando por algumas das seguintes situações:

- Você teve um grande sucesso e sente que há algo maior ou mais satisfatório a se buscar.

- Você se sente frustrado pela ausência de autonomia e/ou liberdade criativa.
- Você tem muitas ideias para projetos, programas, iniciativas ou mesmo um negócio, mas não sabe por onde começar ou como dar o próximo passo.
- Você já despendeu tempo suficiente pensando no próximo passo ou fazendo pesquisas sobre o assunto. Você até consultou fontes confiáveis sobre o assunto e sente que pode assumir um risco calculado.
- Você está ciente da incerteza em seu setor ou mercado de trabalho e não quer ficar sentado esperando que outra pessoa decida seu futuro.
- Sua vida pessoal ou relacionamentos estão sentindo a tensão da indecisão sobre o que fazer a seguir.

Sendo mais específica, você sente uma mistura saudável de empolgação e medo ao pensar em dar o salto.

O que faz um empreendedor?

O termo "empreendedor" abrange uma ampla variedade de pessoas e seus empreendimentos, desde o inovador técnico, que é respaldado com capital de risco de vinte e poucos anos, até o consultor de cinquenta e poucos anos. Alguns estudiosos do capitalismo descreveram os empreendedores como aqueles que gostam de percorrer a onda da mudança e se envolver no que é chamado de "destruição criativa" (SCHUMPETER, 2017). Pense no Ciclo Criativo e como ele passa por todas as etapas da inovação, desde a fase silenciosa necessária para esquecer o antigo e para abrir espaço para o novo, até o teste e a implementação de uma nova ideia. Um empreendedor pode se orientar por todo o ciclo e fazer dele o núcleo de sua descrição de trabalho; abraçar a incerteza e o Ciclo Criativo são descritos no Capítulo 6.

Uma característica que aparece consistentemente naqueles com uma orientação empresarial e menos naqueles que trabalham como gestores é a *abertura à experiência*. A "abertura à experiência" é um dos cinco grandes traços de personalidade na Psicologia. Ela é definida como o amor de estar presente no momento e de aprender com situações que não estão necessariamente associadas à conquista. Por outro lado, as pessoas "intelectualmente curiosas" têm amor pelo conhecimento acadêmico, pelas atividades intelectuais e pelas ideias abstratas. Mas estas últimas não aprendem tão bem em situações complexas e reais como aquelas que estão abertas à experiência (VON STUMM, 2018).

Além da abertura à experiência, outras características que parecem bastante consistentes entre os empreendedores incluem (KERR *et al.*, 2017):

- Autoeficácia (ser proativo), particularmente em relação à tomada de riscos, marketing, gestão e controle financeiro.
- Inovação (respondendo criativamente a situações novas).
- Lócus de controle interno (acreditar que suas próprias decisões controlam suas vidas e não o acaso, o destino ou fatores ambientais fora de seu controle.
- Necessidade de realização (ter desejo de realização significativa, domínio de habilidades e atingir metas desafiadoras).

Três tipos de empreendedor

Como mencionado, ser empreendedor ou desenvolver uma mentalidade empreendedora não precisa implicar em abrir seu próprio negócio. Isso pode significar que você desenvolve novas ideias ou projetos e assume um papel maior na liderança do desenvolvimento, estratégia ou inovação empresarial em sua organização. No sentido mais genérico possível, ser empreendedor significa que você está aberto a tudo o que a vida lhe lança, lida com o desconforto (com o auxílio da autoinvestigação e do autodomínio, por exemplo) e está preparado para transformar a incerteza em oportunidade para criar algo. Seguem três tipos de empreendedor, dentre os quais você pode escolher (SUÁREZ-ÁLVAREZ; PEDROSA, 2016):

- **O empreendedor clássico** (extraempreendedor): cria um negócio como veículo para trazer um novo produto ou serviço para o mercado.
- **O empreendedor organizacional** (intraempreendedor): inova dentro de uma organização ou empresa contribuindo para uma estratégia de negócios pré-existente.
- **O empreendedor pessoal**: hábil em tomar iniciativa e lidar com incertezas, incluindo fatores de estresse como desemprego ou mudanças de carreira.

Este último inclui também aqueles que trabalham pelo impacto social ou desenvolvimento humano, como o organizador comunitário que inova na mobilização de recursos comuns para criar valor social; o ativista que apresenta uma nova perspectiva e solução para um problema e o pesquisador que propõe uma nova teoria ou técnica.

> **OS NEGÓCIOS E AS CARREIRAS SÃO DINÂMICOS, NÃO FIXOS**
>
> Você provavelmente já ouviu esta expressão: subir na carreira. Ela transmite a sensação de que há um destino a ser alcançado por meio de uma trilha. De certa forma, há. Normalmente, há apenas um CEO em uma empresa, um primeiro-ministro, um chefe de operações. Mas essas funções representam a mesma coisa: poder. Se você estiver lendo este livro, provavelmente não está movido por um desejo de poder. Imagino que esteja mais interessado em fazer algo significativo e viver feliz e pacificamente. Você também pode querer experimentar a conexão, a autonomia (libertar-se da Armadilha do Sucesso!) e uma saída para sua criatividade: um senso de viver a vida e explorar seu potencial.
>
> Se esse for o caso, relaxe. Você não precisa almejar um cargo ou emprego em particular para se sentir bem-sucedido. De qualquer forma, os dias das carreiras longevas já são coisa do passado. Portanto, não há um único caminho ao sucesso. Você pode libertar seu espírito empreendedor e seguir a trajetória profissional ideal. Pode perceber que, quando trabalha em uma parte dela, o resto da estrutura muda. Uma nova formação surge com um novo conjunto de possibilidades, oportunidades e desafios. Então você usa suas habilidades e conhecimentos para dar o próximo passo inspirador. Você pode não ser capaz de ver toda a estrutura enquanto a constrói, porém a cria à medida que vai construindo, aproveitando ao máximo as circunstâncias, por mais incertas que elas pareçam no momento. Você constrói o avião à medida que voa.

Trilhando sua carreira como empreendedor

Se você fez o exercício do Capítulo 8 sobre como responder à incerteza, então terá uma ideia do tipo de mentalidade empreendedora que deseja adotar.

- **Se você se identifica principalmente com (A)**: talvez esteja mais apto a ser um *empreendedor pessoal* e ter um cargo assalariado, mas com autonomia e oportunidade suficientes para inovar. Comece a se conectar com o que realmente importa para você e certifique-se de que sua carreira/emprego corresponda o máximo possível a seus valores. Se não estiver satisfeito em sua função atual, dê um passo atrás e aplique os princípios deste livro para ajudá-lo a ver o quadro geral e identificar oportunidades. Faça mais aquilo que lhe dá energia ou tente algo novo de forma regular, por exemplo, se voluntariando ou contribuindo para um projeto importante para você. Faça crescer uma comunidade de pessoas e mentores que o apoiarão e lhe oferecerão as oportunidades certas. Certifique-se de cultivar sua rede de contatos e retribuir a ela.

- **Se você se identifica principalmente com (B)**: talvez esteja mais apto a ser um empreendedor e líder em sua área dentro de uma organização como um *intraempreendedor*. Familiarize-se com seus pontos fortes transferíveis e sua zona de genialidade. Aprenda a descrevê-los para outros (inclusive em apresentações e entrevistas) usando exemplos e histórias reais de como eles funcionam. Desenvolva habilidades de liderança, incluindo influência, resolução de conflitos, falar em público e delegação. Pense em qual poderia ser sua contribuição a longo prazo e crie espaço para fomentá-la. Se você tem um emprego de escritório, poderia propor um novo projeto, produto ou serviço que agregasse valor a seus clientes ou à comunidade? Você poderia abrir um negócio ou uma fundação paralela? Lide com qualquer medo de visibilidade e entre em contato com sua rede para ajudá-lo a refinar seus pensamentos. Comece a compartilhá-los como parte de uma discussão maior e pense em coletar suas melhores ideias.
- **Se você se identifica principalmente com (C)**: talvez você esteja apto a ser um *empreendedor clássico* e gerir seu próprio negócio. É provável que você seja um dos dez por cento que progride sob condições incertas e tem espírito empreendedor. Certifique-se de agir para implementar suas

ideias ou associar-se a pessoas que possam ajudar. Continue cultivando uma mentalidade saudável e lidando com os quatro demônios que giram em torno dos empreendedores: a incerteza, a estrutura, a orientação e o isolamento (veja a seguir). Se você está se lançando para o investimento, então lide com o medo da rejeição e do fracasso e aprimore suas habilidades de comunicação e liderança para ser capaz de mobilizar recursos e fazer com que as pessoas participem.

Nos três casos, você pode aprender a ter sucesso sob as condições incertas do mundo VUCA.

Encontrando sua paixão

Muitas vezes ouço as pessoas dizerem que querem encontrar sua paixão e que, uma vez que o façam, saberão que passos tomar para sair de um emprego ou carreira de que não gostam. Até certo ponto, isso pode ser verdade: se você descobrir uma nova paixão, pode muito bem existir um emprego que corresponda a ela. Por exemplo, se você adora escrita, educação ou jardinagem, há empregos pré-existentes na economia para acomodar isso. Entretanto, as objeções logo entrarão em jogo. Afinal, viver da venda de livros não costuma ser lucrativo, o ensino em escolas carentes pode ser um desafio, a jardinagem pode exigir que você recomece do zero e aprenda habilidades comerciais. Portanto, conhecer sua paixão não é suficiente.

Também é verdade que manter uma visão fortalecida ajuda a avançar e superar obstáculos. Ou, pelo menos, é o que diz a sabedoria convencional sobre liderança e empreendedorismo. Saber para o que está trabalhando ajuda a se concentrar e focar em coisas que lhe interessam, bem como lhe dão energia.

Os profissionais da economia do conhecimento são prejudicados por sua necessidade de reivindicar o status de especialistas e de aparentarem conhecedores. Trata-se de um anátema para a mente de principiante discutida no Capítulo 6 que serve à transformação, à atenção plena e ao empreendedorismo. Um empreendedor que passa por um Ciclo Criativo é obrigado a abraçar a incerteza e a possibilidade do fracasso como uma coisa boa, duas coisas que um profissional empregado normalmente tenta evitar a todo custo. Embora a especialização técnica tenha uma importância na solução de problemas e na prestação de serviços, se uma identidade é construída em torno dela, uma pessoa pode se prender a um emprego, bem como ficar completamente cega às próprias habilidades, que são transferíveis e à sua genialidade inata.

Os indivíduos que reconhecem a importância de abraçar a incerteza como uma habilidade ou característica fundamental têm mais probabilidade de ter sucesso no século XXI. Aqueles que também a aplicam à inevitável ambiguidade de suas próprias decisões de carreira são menos propensos a terem crenças de carreira distorcidas e a ficarem presos (XU; TRACEY, 2015). Os indivíduos que não o fazem provavelmente começarão a buscar conceitos elusivos como paixão, propósito, valores etc., esperando que a identificação destes removerá a inerente incerteza e o desconforto de pisar fora das identidades e papéis prescritos, aos quais se habituaram (zona de conforto). Todavia, vale dizer que isso não ocorrerá.

A paixão não pode protegê-lo da incerteza

Encontrar sua paixão não é uma garantia contra a pressão e incerteza, bem como não garante que você será rico e feliz para o resto de sua vida. A história está repleta de exemplos de pessoas que transformaram o mundo e que enfrentaram o que chamamos de "decisões difíceis de carreira". Elas tinham o equivalente à hipoteca, contas, mensalidades escolares para se preocupar e muito mais: como a próxima invasão ou surto da peste. Você sabia que Galileu começou como um estudante de Medicina? Ele originalmente queria se tornar padre, mas seu pai o encorajou a se matricular na faculdade de Medicina como uma saída mais lucrativa para suas motivações altruístas. Ele descobriu uma paixão pela Matemática e pelas Ciências Naturais enquanto estudava Medicina, e, também, nutria um amor pela Arte e pela Música. Mas seu pai queria que ele se concentrasse na Medicina como uma profissão mais segura e mais bem remunerada. A família estava endividada, pois dois de seus irmãos haviam morrido, deixando um pesado fardo à família.

Galileu deu um passo de cada vez e mudou de rumo para se tornar um dos maiores cientistas, porém com um desvio, pois atuou como professor de Artes ao longo do caminho! Ele desafiou as instituições mais poderosas de sua época e nossa compreensão do universo mudou. Nós nos tornamos uma sociedade mais esclarecida porque pessoas como ele estavam dispostas a nadar contra a corrente e ir além do que parecia seguro e certo, desafiando radicalmente as expectativas da sociedade. Ele enfrentou uma forte pressão, haja vista que desafiou ideias antigas e escapou por pouco da tortura e da execução. Por defender o heliocentrismo, ele passou quase uma década em prisão domiciliar até sua morte. Sendo assim, enfrentou a incerteza e o desconhecido continuamente.

A paixão também tem um lado negativo, visto que taxas elevadas de burnout ocorrem entre os empreendedores que não conseguem se desligar de seu trabalho. É difícil lidar com isso se não tiver um horário fixo, se não tiver alertas para parar de trabalhar ou se sentir ansioso sobre a possibilidade de não conseguir pagar seus funcionários no mês seguinte. Com isso, os empreendedores que são muito apaixonados ou "obsessivamente apaixonados" parecem estar correndo um risco maior de entrar em colapso (DE MOL *et al.*, 2018).

A paixão é um subproduto do risco

Os jogos não são divertidos se forem muito fáceis. É por isso que a predileção pelo conforto (viés da zona de conforto/aversão à perda) que nos mantém na Armadilha do Sucesso também tira da nossa vida a alegria e a euforia que sentimos quando crianças. É também por isso que o flerte e a sedução caem por terra se já se sabe o resultado. As pessoas se incomodam com o fato de não conhecerem sua paixão e sentem que não ter uma é o que as retém na vida ou as mantém entediadas. A verdade é que a paixão é o resultado de estar disposto a assumir um risco.

Em minha experiência de trabalho com profissionais de alto desempenho, a chave para sair da Armadilha do Sucesso não é a paixão ou a visão, mas a capacidade de tolerar a incerteza — o que alguns psicólogos chamam de tolerância à ambiguidade e abertura à experiência — a característica principal da mentalidade empreendedora. A capacidade de permanecer na fase de "não saber" da mudança, o Ciclo Criativo, o meio confuso ou o "espaço entre histórias" restaura um poderoso senso de ação e transforma o medo em empolgação.

Para se obter mais realização e menos trabalho duro, reverta a relação causal entre paixão e risco: *não tente encontrar sua paixão para arriscar em sua carreira; arrisque e deixe sua paixão encontrá-lo.* Galileu não é lembrado por "seguir sua paixão". Ele é lembrado por ter arriscado tudo para desafiar um dogma, vez que questionou as crenças mantidas pelas instituições mais poderosas de sua época. Em diversas ocasiões, é muito provável que ele não tivesse ideia do que aconteceria. Mas tal fato não o impediu.

Muitos de meus clientes tropeçam em sua paixão enquanto dão um salto e permanecem sem saber o que fazer por um tempo. Eles questionam as expectativas e crenças que lhes são transmitidas e se abrem a novas perspectivas. Como resultado, novas possibilidades são vistas. Isso os coloca em uma nova trajetória. Não há necessidade de paixão ou confiança. Necessita-se, apenas, de uma vontade de permanecer aberto apesar do desconforto e de fazer uma pequena mudança de cada vez.

ESTUDO DE CASO — Hermione

Hermione, uma consultora criativa de marketing e negócios, tinha trabalhado com grandes marcas e decidiu sair de um emprego em que já não se encaixava mais. Ela passou algumas semanas cuidando de si mesma e desfrutando da paisagem natural perto de sua casa enquanto se libertava de quaisquer expectativas antigas. Em três meses, ela montou sua própria consultoria, ajudando pequenas empresas a pensar fora da caixa e a servir melhor seus clientes. Seus serviços eram extremamente inovadores e incluíam até mesmo uma consulta caminhando. Afinal, por que as reuniões deveriam ser sempre feitas com todos sentados em uma sala?

Ninguém pode prever o que acontecerá quando alguém abraça o desconhecido. Muitas vezes, os indivíduos dão atenção a áreas de sua vida que negligenciaram por um tempo e descobrem que reparar relacionamentos e melhorar a saúde são uma prioridade. Eles podem deixar o trabalho e tentar algo diferente, conseguir a promoção que desejavam ou tomar o caminho do empreendedorismo abrindo ou ampliando um negócio de alto valor, que explora seus pontos fortes. Caso abracem a jornada, eles viverão com mais entusiasmo, menos medo e com uma realização profunda.

Seus sucessos passados não são seu destino, são seu capital

Se você é um profissional de alto desempenho, é provável que seja muito bom no que faz. É provável que seja bom em várias coisas, pois você tem muitas zonas de competência e várias zonas de excelência, como Gay Hendricks as chama (HENDRICKS, 2009). Tal fato pode criar o dilema da escolha. Como você escolhe entre as muitas coisas em que você é bom? Talvez suas habilidades analíticas e de solução de problemas sejam rivalizadas por seu talento para administrar as partes interessadas e facilitar reuniões produtivas. Talvez você possa assar o suflê perfeito ou esquiar como um campeão.

Se tentar tomar decisões baseadas em seus pontos fortes, você pode ficar muito confuso. Seus pontos fortes podem ser o resultado de um treinamento rigoroso e de uma longa história de prática, bem como das preferências sociais que lhe impressionaram quanto ao que é útil e lucrativo. Embora seja útil levar em conta seus pontos fortes, lembre-se do *Ikigai*: o ponto certo na interseção do que você ama, no que é bom, no que o mundo precisa e pelo que o mundo pode pagar a você.

O que eu tenho notado é que os profissionais de alto desempenho que saem da Armadilha do Sucesso criam um rico emaranhado de habilidades e pontos fortes pré-existentes, bem como talentos não reconhecidos e fontes de inspiração esquecidas, as quais passam a cultivar de maneira mais consciente, como a capacidade de escuta profunda, por exemplo. Eles entrelaçam partes antigas com partes desconhecidas e esquecidas de si. Com o tempo, se conectam e encarnam sua zona de genialidade. Uma pessoa pode ser incrível no fornecimento de insights profundos sobre a complexidade e as possibilidades de uma economia sem carbono. Outra pode ter a segunda ou a terceira capacidade de compreender pessoas e gerenciar equipes globais. Já outra pode permanecer estranhamente calma em uma crise e capaz de realizar cirurgias que salvam vidas em uma zona de guerra. Caso abracem sua voz como líderes de pensamento, eles cultivarão habilidades para compartilhar ideias por meio da escrita e da fala, objetivando traduzir ideias complexas em simples, o que facilita o acesso a seus insights profundos.

E nunca é tarde demais.

Anna Moses (também conhecida como Vovó Moses) era uma dona de casa com habilidades em bordado. Quando sua artrite surgiu, ela pegou um pincel e começou a pintar paisagens rurais com a tenra idade de 76 anos. Ela produziu mais de 1,5 mil pinturas durante as três décadas seguintes. No início, vendeu seus primeiros quadros por quatro dólares, mas sua fama cresceu e o preço de seus quadros também; um de seus quadros foi vendido por 1,2 milhão de dólares em 2006. Ela viveu até 101 anos, e aos 88 anos foi nomeada a jovem do ano!

Embora esse exemplo seja dramático, ele ilustra um princípio: *seu futuro não é determinado por seu passado*. Abandonar seus pontos fortes e sucessos passados pode ajudá-lo a subir novas e imprevisíveis alturas de sucesso, bem como pode facilitar o acesso a alegrias criativas. Trata-se de um princípio que eu mesma tive que aprender ao tomar decisões de carreira. Por exemplo, como médica eu passei por uma das formações mais extensas e tradicionais possíveis, todavia certo dia percebi que ser boa em algo como pesquisa não significa que essa seja a carreira certa para você. Entretanto, eu poderia pesquisar sobre qualquer coisa que eu fizesse com o objetivo de melhorar sua qualidade e validade.

Em resumo, não se oriente por sua(s) zona(s) de competência ou mesmo por sua(s) zona(s) de excelência para tomar decisões relacionadas à carreira. Use-as como capital para investir em seu próximo passo e revelar sua zona de genialidade. Mesmo que você a descubra aos 76 anos como Vovó Moses, terá valido a pena. Com tempo e um pouco de coragem, bem como seguindo os princípios deste livro, você descobrirá que esteve em seu caminho o tempo todo.

Os quatro demônios do profissional independente

O corpo de pesquisa sobre os medos que os empreendedores enfrentam tende a se concentrar no medo do fracasso (CACCIOTTI; HAYTON, 2015). Entretanto, existem outros subtipos de medo para as pessoas que escolhem ser seus próprios chefes. O medo é uma rica fonte de percepção se estivermos dispostos a identificar e questionar a história por trás dele. Ele também pode se tornar uma poderosa fonte de motivação se você o transforma em empolgação e canaliza a energia para o Ciclo Criativo. Nos poucos anos em que fui empreendedora e trabalhei de forma independente, notei quatro tipos de medo que aparecem regularmente e suscitam a concordância dos colegas empreendedores:

1. falta de estrutura (não sei por onde começar);
2. isolamento;
3. incerteza financeira;
4. falta de orientação (não sei o que fazer).

Vejamos um exemplo de como eles se apresentam. Você pode ser um pensador brilhante, um solucionador de problemas e um conector como Xena, que trabalhou com organizações intergovernamentais e depois decidiu dar um salto e montar seu próprio negócio (ver Capítulo 3). Ela percebeu qual era sua zona de genialidade quase imediatamente: ajudar as pessoas a enxergar além da complexidade. Ao se dedicar ao trabalho, ela começou a notar que nem sempre sabia por onde começar ou como organizar seu dia. Trabalhar em casa significava que ela não podia simplesmente recorrer à pessoa sentada ao seu lado e conversar sobre isso ou perguntar a um chefe. Ela começou a se sentir isolada e ansiosa. Ela também notou que nem sempre sabia de onde viria o próximo cliente e que a incerteza e o isolamento estavam se agravando.

É tentador, nesse momento, começar a olhar para trás. Você está no meio confuso da mudança. As expectativas do velho mundo ainda estão ativas, enquanto o novo mundo ainda não está bem estabelecido. Mas ela não estava disposta a desistir. Ela diminuiu o ritmo e refletiu sobre as narrativas e crenças que lhe passavam pela cabeça. Elas incluíam "Estou sozinha" e "Não sei o que fazer". Ao explorar e desafiar a verdade sobre elas, Xena começou a lembrar como era ótima em se conectar e criar relacionamentos. Era desafiador quando a instrução era fazer uma pausa ou tirar um dia de folga. Mas ela finalmente começou a se acostumar com um novo ritmo de trabalho e viu como era ótimo poder viver de seu negócio trabalhando com grandes clientes que a admiravam.

Ela percebeu que ainda estava colocando muita pressão sobre si e o que realmente queria era mais espaço para a escrita criativa, família e viagens. Discutimos soluções práticas para cada um dos desafios.

No entanto, se tivéssemos logo tentado consertar os medos em vez de explorá-los e descobrir o que era realmente necessário, talvez tivéssemos perdido as percepções que os medos tinham a oferecer. Sendo assim, diminuir o ritmo, abrir espaço para a criatividade e implementar pequenas modificações em seu dia trouxe o resultado desejado.

MENTALIDADE EMPREENDEDORA E PRÁTICAS DIÁRIAS

Resumindo as características de uma mentalidade empreendedora, podemos enumerá-las como:

1. Sonhar grande.
2. Abraçar a incerteza.
3. Saltar (um passo de cada vez).
4. Testar e aprender.
5. Apreciar a si mesmo e tomar cuidado com seu crítico interior.

As práticas diárias para os empreendedores incluem:

1. Ajustar seu autodomínio diariamente (tempo para si mesmo/autocuidado).
2. Lembrar-se da visão geral que o inspira.
3. Desafiar-se de uma forma pequena todos os dias (sair de sua zona de conforto).
4. Transformar experiências difíceis em insights (aprendizado): usar a autoinvestigação.
5. Otimismo: permitir que seu eu sonhador imagine possibilidades e conte a melhor história.
6. Conseguir apoio: "Os heróis não são invencíveis!"
7. Simplificar.

Capital inicial

Ao pensar em abrir um negócio, as pessoas normalmente pensam no dinheiro como o principal recurso necessário. Realmente, os famosos jovens empreendedores da tecnologia do Vale do Silício, como

Steve Jobs e Mark Zuckerberg, que tornaram o empreendedorismo glamoroso, precisavam de dinheiro para seus empreendimentos. Eles precisavam de grandes investimentos para expandir seus negócios para além da garagem e do campus universitário em que começaram, respectivamente.

Mas, como vimos anteriormente, os empreendedores vêm em muitas formas e tamanhos. A demografia de vinte e poucos empreendedores sustentados por um capital de risco é diferente do profissional de meia-carreira com anos de experiência. Se está neste último grupo, você tem uma riqueza de capital de carreira a ser aproveitada, inclusive se estiver se reorientando para uma diferente.

As evidências sugerem que os empreendedores bem-sucedidos (aqueles que passaram vários anos nesse caminho e passaram por, ao menos, uma empresa pública) utilizam recursos externos e internos à sua disposição como capital (READ *et al.*, 2016). O capital externo inclui o investimento, ativos físicos e assim por diante. O capital interno inclui suas habilidades transferíveis, sua mentalidade e sua dedicação para fazer o que for preciso (incluindo o trabalho de que falamos neste livro). Pensa-se que a capacidade de identificar oportunidades e comprometer-se com elas é o fator mais importante para o sucesso empresarial (ERIKSON, 2002).

Existem apenas três atividades de negócios principais: vendas, marketing e entrega dentro de um relacionamento respeitoso com seus clientes. Como profissional, você terá múltiplas habilidades que podem ser transferidas para cada uma dessas áreas de negócios ao lado de qualquer conhecimento especializado. Por exemplo, se tiver habilidades de gestão e planejamento, você será capaz de estabelecer prioridades, usar o tempo e os recursos sabiamente e fazer as coisas acontecerem. Suas habilidades intelectuais e criativas o ajudarão a analisar dados, opções de pesquisa e estratégias de design que desenvolvam seu negócio. A Tabela 9.1 apresenta uma lista de habilidades transferíveis para lembrá-lo daquilo que pode fazer (SHIREY, 2009).

TABELA 9.1 Habilidades transferíveis

Escrita	Habilidades interpessoais	Habilidades de negociação
Análise	Trabalho em equipe	Falar em público
Pesquisa	Coordenação de eventos	Trabalhar bem sob pressão
Ensino e treinamento	Pensamento criativo	Organização/gestão de projetos
		Ensino e treinamento
Tomada de decisões	Defesa	Gestão de tempo
Planejamento	Habilidade em línguas estrangeiras	Resolução de conflitos
Prospectiva	Delegação	Persuasão
Codificação	Flexibilidade e adaptabilidade	Revisão e edição
Conhecimento em informática e em softwares especiais	Habilidades em resolução de problemas	

A ENERGIA É UM BEM PRECIOSO

Sua energia é um aspecto importante de seu capital. Caso tenha um chefe, você é movido pelas expectativas dele para trabalhar duro e entregar. Quando você é seu próprio chefe, é necessário se motivar de outras maneiras. Além disso, você deve ser criterioso no uso de sua energia, assim como em regular seus níveis. Burnout é um enorme risco para seu negócio, portanto, é necessário cuidado. Como vimos anteriormente, ser muito apaixonado é um fator de risco para o burnout (DE MOL; HO, 2018).

Haverá dias em que você estará cheio de entusiasmo. Em outros, você não saberá dizer o motivo de sair da cama. É importante manter seus níveis de energia sob uma segurança que seja sustentável a longo prazo, portanto o autodomínio é importante aqui. Honrar seu ritmo de Ciclos Criativos (incluindo períodos de silêncio) é parte disso. Se você precisar fazer arranjos ou assumir um trabalho de meio período para reduzir a pressão financeira, faça isso. Isso tornará seus esforços empresariais sustentáveis a longo prazo. É uma maratona, não um sprint.

Empresa escalar vs. empresa de uma pessoa só

Há uma crença entre os empreendedores de que um produto ou serviço precisa ser escalável. Escalabilidade significa que você expande a distribuição e as vendas de seu produto. Isso requer mudanças sistemáticas na forma como o negócio é administrado, bem como a contratação e gestão de novas pessoas e a possibilidade de ganhar novos investimentos para apoiar a expansão. Tal prática pode ser muito divertida e extremamente gratificante. É, também, uma fonte de maior complexidade, incerteza e causa mais estresse no relacionamento, tendo em vista a lida com mais pessoas e processos.

Quando comecei, me perguntaram se eu tinha planos de treinar outros coaches e fazer com que eles fizessem o coaching enquanto eu me concentrava no desenvolvimento de negócios. Fui aconselhada por um empreendedor experiente que trabalhar para vender uma franquia de coaching seria mais lucrativo do que o modelo de negócios baseado em um único profissional, que era o meu caso. Embora isso possa ser verdade, não era necessariamente o modelo certo para mim. Muitos fatores diferentes estavam em jogo. Felizmente, trabalhei com um coach que não seguiu o modelo escalar e obtive muito êxito, haja vista que incluiu o modelo escalar por meio de conselhos convencionais e percebeu que isso não funcionava para ele.

Se você não está interessado em processos grandes e complexos ou em lidar com muitas pessoas, talvez seja mais introvertido, mas é atraído pelo modo de vida empreendedor, você ainda pode ter sucesso. Em seu livro *Company of One*, Paul Jarvis (2019) sugere que o segredo para um empreendedorismo mais pleno não é criar e escalar algo em uma corporação massiva, mas sim trabalhar por conta própria, determinar suas próprias horas e tornar-se uma operação sustentável que lhe dê liberdade e remuneração.

As muitas faces do empreendedor

Portanto, ter uma orientação empreendedora pode assumir muitas formas. Embora não haja garantias, se você estiver disposto a fazer o trabalho, construir sobre o capital de carreira pré-existente e abraçar as oportunidades em meio à incerteza, você pode ter sucesso. Usando as ferramentas e princípios deste livro, você pode superar os demônios comuns da mentalidade empreendedora em torno da incerteza, isolamento, estrutura e a necessidade de uma fonte externa de autoridade para lhe dizer o que fazer. Você pode contribuir para o futuro do trabalho em um mundo incerto, tanto diretamente com os serviços que você oferece, quanto pelo exemplo que você dá aos outros. No próximo capítulo, veremos como poderia ser uma cultura de trabalho saudável ao trazer uma mentalidade empreendedora, bem como uma maior segurança psicológica para nossas colaborações.

CAPÍTULO 10

Culturas de trabalho que libertam

Quando você pegou este livro, talvez estivesse se perguntando sobre a direção de sua carreira. Talvez você se sentisse preso em uma armadilha e estivesse pronto para uma mudança radical. Agora, pode ser que tenha se reconectado com um aspecto mais profundo, seu "gênio interior". Com sorte, sabe que seja lá onde você estiver agora esse é o lugar perfeito para se libertar de qualquer limitação percebida e permitir que sua inspiração natural o guie.

Mas o que vai acontecer quando você estiver por aí neste vasto mundo? Quando pressões de trabalho, situações frustrantes e colegas difíceis voltam a surgir? E quanto à sociedade em geral? Se todos estão correndo, competindo e se acotovelando para chegar à frente, ao relaxar, você será deixado para trás? Como seria se nossa cultura de trabalho encorajasse um ritmo mais lento, uma confiança mais profunda e mais liberdade?

A seguir, estão alguns insights finais a serem considerados sobre como podemos fazer do mundo do trabalho um reino para o gênio interior (a criatividade é a habilidade mais procurada afinal de contas) em vez de um lugar de trabalho para atender às necessidades materiais em nível individual e coletivo. Como seria um mundo de impiedade compassiva, onde permitimos o pensamento criativo com segurança psicológica e arrancamos pela raiz antigos pressupostos, que eram muito rígidos? Se cada um de nós começássemos a assumir uma maior responsabilidade por nossos padrões automáticos de pensamento e comportamento, talvez um ponto de virada pudesse ser alcançado em um futuro não tão distante. Desse modo, poderia florescer uma cultura de trabalho que permite mais liberdade, criatividade e bem-estar.

Não seria ótimo viver em um mundo onde ir ao trabalho não seja ameaçador ou enfadonho? Seria esperar muito pensar que *as pessoas poderiam acordar inspiradas e animadas para trabalhar e se sentissem seguras e valorizadas no trabalho e voltassem para casa satisfeitas*? Posso ser otimista, mas sei que não sou a única (SINEK, 2020).

Cultura, viés e confiança no ambiente de trabalho

Como alguém que passou 24 anos em educação formal entre dois países muito diferentes e vivenciou uma variedade de culturas de trabalho, acredito que nenhum trabalho é mais importante do que questionar os pensamentos, crenças e mitos culturais que povoam nosso cérebro focado na sobrevivência. Permanecendo abertos à experiência e cultivando a curiosidade, podemos afastar os males do pensamento rígido e habitual e das narrativas tóxicas que internalizamos. Ao questioná-las, podemos permanecer sãos e conectados à nossa zona de genialidade. Caso contrário, nossa capacidade de transformar crenças em mitos, cultura e dogma continuará a nos aprisionar em situações insatisfatórias.

Existe um grande corpo de trabalho em torno da percepção e do viés em Psicologia, Filosofia, Neurociência e no campo relativamente novo da Economia Comportamental (ETZIONI, 2011). Como cientista, o viés é uma desgraça. É impossível produzir pesquisas de alta qualidade e tirar conclusões precisas de experimentos se o viés estiver presente, portanto, a maioria dos métodos de pesquisa são desenvolvidos para eliminá-lo. É possível para nós sermos um pouco mais científicos sobre nossas opiniões e emoções no ambiente de trabalho? Se nossas organizações são laboratórios mágicos, onde estamos tentando criar e fornecer produtos e serviços valiosos para as pessoas, não deveríamos aplicar princípios científicos ao nosso próprio pensamento?

O viés de confirmação é possivelmente a forma mais insidiosa, já que cria um duplo ponto cego: não só temos um viés, como também ignoramos informações que possam nos ajudar a questioná-lo. Não é porque não temos o quadro completo, mas porque continuaremos coletando informações que reforçam nossa própria visão. Assim, poderemos lutar militantemente contra qualquer um que a desafie (NICKERSON, 1998). Infelizmente, é assim que a maioria das pessoas opera e é por isso que pode ser difícil se dar bem em grupos e organizações. É também por isso que a abertura à experiência e a curiosidade — a mente de um principiante — são tão importantes se quisermos criar culturas de trabalho mais saudáveis, adaptar-nos ao século XXI e resolver os desafios globais que estamos enfrentando, tanto em torno do trabalho e do futuro de nosso planeta.

Embora o papel do viés na comunicação seja cada vez mais reconhecido, os métodos para enfrentá-lo permanecem incoerentes e a maioria das pesquisas vem do estudo de problemas de saúde mental. Uma das razões pelas quais é difícil abordá-lo é que existe o elemento emocional e as emoções ainda são pouco incluídas nas discussões de trabalho. Outra razão é que as pessoas ainda não se sentem seguras para estarem erradas: tal prática é percebida como uma forma de fracasso.

O antídoto: segurança psicológica

É difícil fazer um bom trabalho em uma equipe ou organização onde não existe confiança. Em um nível muito primário, precisamos saber que a pessoa à nossa frente está dizendo a verdade (autenticidade) e que cumprirá o que prometeu (integridade). A falta de confiança gera o "sobrevivencialismo", incluindo competição disfuncional, deslealdade e disputas de poder. As pessoas têm pouco controle em seus trabalhos, há um desequilíbrio entre esforço e recompensa, situações que geram a ansiedade crônica, que se traduz em uma sensação de toxicidade.

Tendo passado milhares de horas em discussões transformacionais com profissionais altamente comprometidos e competentes em diversos campos (Medicina, Ciência, Direito, Finanças e Energia), a cultura de trabalho parece ter um papel enorme nas decisões de carreira das pessoas. Helena passou um bom tempo ponderando os prós e os contras de deixar a segurança do emprego remunerado antes de se tornar uma profissional independente. Ela havia trabalhado em algumas das organizações mais prestigiosas e com maior pressão do mundo. Além disso, foram oferecidas promoções e trabalho flexível para que ela pudesse viver no campo enquanto trabalhava em projetos internacionais que eram empolgantes. No entanto, a organização em que ela trabalhava não podia oferecer algo que, em sua visão, realmente importava: uma sensação de calma e amplitude. O trabalho era agitado e instável. Ela também sentia que era hora de algo novo e mais criativo.

Helena foi clara sobre seus valores fundamentais. Essa clareza desempenhou um papel fundamental em sua decisão de dar um salto na carreira e criar algo que funcionasse melhor para ela e lhe oferecesse mais segurança psicológica. Talvez você tenha se deparado com o aforismo: as pessoas não deixam empregos, elas deixam chefes. Com base no que observei falando com centenas de pessoas em situações semelhantes, eu reformularia para: *as pessoas não deixam empregos, elas deixam culturas de trabalho tóxicas.* Não é nem mesmo que a cultura da organização seja injusta ou ácida. Trata-se apenas do fato de que ela não é capaz de permitir a sensação de facilidade e bem-estar necessária para que as pessoas façam seu melhor trabalho, seja de forma solitária ou em equipe. Assim, o ambiente começa a sufocar o profundo potencial e o gênio criativo das pessoas.

Desde a Revolução Industrial, parece que conseguimos implementar padrões e normas que criam segurança física no trabalho, mas eles não são capazes de trazer um sentimento de segurança psicológica, o qual permita que nossas capacidades cognitivas sejam plenas. Curiosamente, a pesquisa do Google chamada Projeto Aristóteles revelou resultados instigantes para o pensamento. A pesquisa examinou mais de 180 equipes no Google para tentar entender o que distinguia as pessoas de alto desempenho. Descobriu-se que as equipes com melhor desempenho não atendiam as expectativas por causa de talento, recursos ou dinheiro. Dos 250 fatores examinados, o denominador comum para as equipes em destaque foi este: segurança psicológica. Aquelas que não a tinham, não se saíram tão bem (ROZOVSKY, 2015).

O que é segurança psicológica?

Por que os funcionários às vezes permanecem em silêncio quando deveriam se manifestar? Por que retemos as sugestões que poderiam salvar um projeto de um desastre? As evidências sugerem que é porque sentimos que não é seguro nos engajarmos. O benefício de não dizer nada supera o de falar alguma coisa. Quando tememos que nossas ideias sejam rejeitadas, manchem nossa reputação ou que nossos chefes cheguem ao ponto de nos penalizar, mantemos a cabeça baixa e ficamos calados, assim como os funcionários da Volkswagen que ficaram calados sobre os números de emissões fraudulentos que levaram ao escândalo da emissão de poluentes (HERWAY, 2019).

Segundo a professora da Harvard Business School, Amy Edmondson, que cunhou o termo "segurança psicológica", "é uma crença de que não se será punido ou humilhado por expor ideias, perguntas, preocupações ou erros". A própria pesquisa de Edmondson no contexto da Saúde mostrou que as melhores equipes têm uma cultura em que os trabalhadores se sentem capazes de falar sobre erros médicos, aprender com eles e prevenir danos aos pacientes. Em equipes menos eficazes, os enfermeiros permaneceram em silêncio a respeito dos erros que observaram (EDMONDSON, 2018).

Você provavelmente já se deparou com um ambiente com falta de segurança psicológica. É um ambiente onde predomina a competitividade, onde as pessoas jogam um jogo de soma zero, roubam os créditos das outras, falam mal umas das outras, desvalorizam umas às outras para melhorar sua posição, afirmam ter um conhecimento superior tecendo críticas ríspidas e assim por diante. Há um constante senso de ameaça e manipulação política. A propósito, a síndrome do impostor se prolifera aqui, porque você nunca pode ser bom o suficiente!

Se você tiver sorte, pode ter experimentado o oposto: um ambiente construído sobre uma segurança psicológica. É um ambiente onde os indivíduos podem correr riscos e ser vulneráveis uns diante dos outros. Quem está em uma equipe importa menos do que como os membros da equipe interagem, estruturam seu trabalho e veem suas contribuições. Na verdade, a pesquisa do Projeto Aristóteles identificou cinco fatores principais para as equipes que se destacam. Seguem eles, em ordem de importância:

1. **Segurança psicológica**: podemos assumir riscos nesta equipe sem nos sentirmos inseguros ou envergonhados?
2. **Confiabilidade**: podemos contar um com o outro para fazer um trabalho de alta qualidade dentro do prazo?

3. **Estrutura e clareza**: as metas, papéis e planos de execução de nossa equipe são claros?
4. **Significado do trabalho**: estamos trabalhando em algo que é pessoalmente importante para cada um de nós?
5. **Impacto do trabalho**: acreditamos fundamentalmente que o trabalho que estamos fazendo é importante? (ROZOVSKY, 2015)

Passamos muito tempo concentrados em garantir que estamos à altura do trabalho e que temos as habilidades técnicas, além dos conhecimentos especializados adequados para resolver problemas. Mas vivemos em um mundo VUCA: ele é volátil, incerto, complexo e ambíguo. Portanto, o que as equipes e indivíduos precisam para ter sucesso na complexidade do século XXI pode ir além das habilidades técnicas tradicionais e de uma atitude positiva.

Talvez precisemos, na verdade, fomentar culturas de trabalho que criem espaços seguros e de apoio para trabalhar. Dessa forma, o mecanismo de sobrevivência de nosso cérebro pode se desligar e mais de nossas capacidades cognitivas mais elevadas podem vir à tona. Mais de nossa atenção e energia podem ser canalizadas para inovação e colaboração em vez de sobrevivência. Podemos trabalhar a partir de nosso gênio interior e não de nosso chefe interior. Isso dá às organizações uma chance muito maior de resolver problemas complexos do século XXI.

As evidências certamente sugerem que é hora de superar as culturas de trabalho industrial de comando e controle e adotar princípios de relacionamento mais humanos que façam as pessoas se sentirem valorizadas e otimizem o talento humano (BARTON *et al.*, 2012); uma transformação radical, mas promissora, de nossa matriz relacional no trabalho. Embora seja um desafio mensurar o retorno sobre o investimento na promoção da segurança psicológica, também é difícil criar argumentos contrários. É difícil imaginar qualquer organização que não pudesse se beneficiar de "mais franqueza, menos negação, uma rica comunicação, um desenvolvimento consciente de talentos e líderes disciplinados, que demonstram compaixão pelas pessoas" (SHERMAN; FREAS, 2004).

Criando culturas de trabalho construídas por meio da segurança psicológica

Com o advento de novas pesquisas, por exemplo, o Projeto Aristóteles, há um lampejo de esperança, pois podemos entender para o que estamos tentando trabalhar. Os últimos duzentos a trezentos anos melhoraram drasticamente a segurança física dos funcionários. Agora podemos nos concentrar na segurança psicológica com o objetivo de realmente liberar a genialidade humana. Com as rápidas mudanças resultantes da inovação tecnológica, é difícil fazer previsões, porém podemos ao menos mudar nossas próprias atitudes e nos alinhar com um futuro em que o senso de realização no trabalho é mais uma norma do que um privilégio.

Essa não é uma utopia distante. Como exemplo, uma manufatureira norte-americana de médio porte foi capaz de criar segurança psicológica para seus funcionários durante um período muito desafiador e colheu os benefícios dentro de dois anos. A recessão de 2008 atingiu duramente a empresa. Ela perdeu trinta por cento de seus negócios e precisou economizar dez milhões de dólares. Mas o CEO não viu isso como um motivo para tolerar demissões em massa de funcionários. Para ele, não era lógico referir-se aos empregados como "números de funcionários", tendo em vista que tal atitude os desumaniza. Sendo assim, ele renomeou o termo para "número de corações" e fez questão de que todos fossem importantes (DELACH LEONARD, 2014).

Assim, ele iniciou um programa em que todos na empresa tinham que tirar quatro semanas de licença não remuneradas quando quisessem e como quisessem. A maneira como ele anunciou foi que "era melhor que todos sofressem um pouco do que qualquer pessoa sofresse muito". Ao longo do ano, o moral melhorou e a empresa fez uma economia de vinte milhões de dólares (o dobro de sua meta). Contudo, o mais interessante foi que, em vez de entrar em uma mentalidade de sobrevivência, as pessoas começaram a cooperar umas com as outras. Aquelas que podiam se dar ao luxo de tirar longos períodos de licença não remuneradas trocaram com aquelas que não podiam.

Essa e muitas outras histórias desafiam o mito de que os imperativos econômicos superam o humanismo ou que os dois são mutuamente exclusivos. Líderes compassivos e visionários podem ajudar a desafiar velhos mitos sobre desempenho e eficiência. Não fazer isso pode significar um desastre para empresas individuais, bem como pode atrofiar a evolução da cultura de trabalho do século XXI.

Em seu livro *A Organização sem medo: criando segurança psicológica no ambiente de trabalho para aprendizado, inovação e crescimento*, Edmondson analisa uma série de estudos de caso e uma pesquisa completa mostrando como o fracasso gerado por nunca falar e sempre recuar, em uma organização, gera danos vergonhosos, tais como os da Volkswagen, do Federal Reserve Bank de Nova York e da Nokia. Ela também cita estudos de caso que demonstram como organizações que trabalharam duro para criar segurança psicológica — como a linha de vestuário Eileen Fisher, o estúdio de animação Pixar e o fornecedor global de manufatura, Barry-Wehmiller — têm sucesso porque os funcionários sentem que podem falar, oferecer ideias e questionar sem medo de punição ou constrangimento (EDMONDSON, 2021).

Estamos começando a ver o surgimento de uma Psicologia Organizacional Positiva. Mas isso é apenas o começo. Se as organizações continuarem a se omitir com relação a tais avanços, o crescimento populacional, o rápido desenvolvimento econômico e o fracasso na distribuição dos benefícios da tecnologia podem resultar em mais insatisfação e agitação entre a força de trabalho. A competição disfuncional pode continuar a proporcionar um terreno fértil para ansiedade, depressão, síndrome do impostor e do salvador, bem como o burnout. Vivemos em uma época em que médicos experientes, os quais ocupam cargos de diretoria, ainda reclamam que experimentaram por anos uma cultura de "medo e intimidação" e em que profissionais de saúde não se sentem valorizados, respeitados ou apoiados, tendo em vista a realização de um trabalho muito estressante. Com isso, a reforma das culturas de trabalho tóxico permanece urgente e inestimável (STURROCK, 2018).

Encontre bons líderes com quem trabalhar

Não há dúvida de que há muitos líderes em posições de grande poder que apresentam comportamentos patológicos (DE HAAN, 2014). Apoiar uma cultura de segurança psicológica não significa ser ingênuo. É importante permanecer consciente e responder aos comportamentos patológicos de forma apropriada.

Mas o que faz um bom chefe? Os melhores chefes ajudam seus subordinados a se sentirem seguros para que experimentem e assumam riscos. Eles dão a sensação de segurança para que você se arrisque e retorne com resultados pelos quais você está confiante para compartilhar. Quando éramos crianças, éramos melhores em explorar o mundo e equilibrar experimentação e segurança, pois tínhamos uma base confiável (pai) para retornar (BOWLBY, 1988). Da mesma forma, precisamos confiar que a pessoa que nos conduz não puxará nosso tapete para se salvar e nos abandonará à própria sorte. Dessa forma, podemos realmente nos colocar em risco e fazer o melhor e o mais incrível trabalho. Tal fato nasce de forma empírica, em situações extremas; por exemplo, no setor militar.

Os Navy SEALs, que dirigem um dos programas militares mais difíceis do mundo, treinam suas equipes para trabalharem juntos para que qualquer membro saiba que sua vida está em boas mãos. Eles podem arriscar suas vidas por outros, porque sabem que outros farão o mesmo. Como Simon Sinek diz em sua palestra sobre por que grandes líderes fazem você se sentir seguro: "Grandes líderes nunca sacrificariam sua equipe para salvar os números; eles sacrificariam antes os números para salvar sua equipe." E em relação a fomentar a criatividade e a inovação: "O papel de um líder não é apresentar todas as grandes ideias. O papel de um líder é criar um ambiente no qual grandes ideias possam acontecer" (SINEK, 2014).

Portanto, essa sensação de que uma pessoa protege você é provavelmente a característica mais importante a ser procurada em um líder. Características adicionais que vi em bons líderes incluem:

1. **Abraçar a incerteza e permanecer aberto**: vivemos em um mundo VUCA: há uma sensação constante de incerteza que exige que nos sintamos confortáveis com o desconforto da incerteza. Ao nos aclimatar ao VUCA, podemos manter uma mente aberta e encontrar soluções.
2. **Liderar a si mesmo antes de liderar os outros**: consciência (e autoconhecimento) é a chave para dominarmos nossas motivações e ações. Os líderes ruins culpam os outros e tentam controlá-los. Os bons líderes se conhecem e, portanto, têm melhores relacionamentos, pois, antes de liderar os outros, eles começam com a autoliderança. Ao se mudarem para a liderança, já não se trata deles (líderes) ou do que fazem, mas sim da fluência do que é necessário no momento, mesmo que isso signifique entrar ou sair conforme a necessidade.
3. **Ir primeiro e comer por último**: em uma situação de medo e incerteza, os bons líderes correrão um risco e irão primeiro, mas nunca afirmarão isso como motivo de privilégio ou status. É o trabalho deles.
4. **Guiar em vez de comandar**: em um mundo VUCA, o comando e o controle são ineficazes. A genialidade das pessoas precisa ser liberada por meio de uma orientação sábia (e segurança psicológica).

5. **Saber quando desistir**: em um mundo VUCA, é difícil prever os resultados. Às vezes, uma estratégia de projeto ou programa fracassa. Saber quando desistir e pedir aos funcionários para reorganizar as cadeiras do convés no *Titanic* é a sabedoria posta em ação.
6. **Impiedade compassiva**: o equilíbrio entre credibilidade e conexão está no cerne da arte de influenciar. Bons líderes apoiam todos com quem trabalham, mas enxergam a visão geral com impiedosa clareza. Eles fazem o trabalho interior necessário para liberar suposições limitantes e preconceitos e dominam sua energia.

LIDERAR SENDO, ANTES, VULNERÁVEL

Se existe algo que cria uma conexão humana de forma rápida é o compartilhamento de alguma informação que você não quer que as pessoas saibam a seu respeito. Estamos acostumados a compartilhar coisas das quais nos orgulhamos ou sabemos que são aceitáveis (coisas que queremos que as pessoas saibam sobre nós): nossas credenciais, realizações etc. Equilibrar tal prática com o compartilhamento de informações que representem vulnerabilidade mudará a dinâmica em um grupo de maneira rápida e ajudará as pessoas a se abrirem. Como um exercício em uma reunião de equipe, tente o seguinte:

- Peça a todos que compartilhem uma coisa que gostariam que os outros soubessem (por exemplo, uma força na qual sabem que a equipe pode confiar ou um sucesso recente): "Diga seu nome e uma coisa que gostaria que as pessoas soubessem a seu respeito."
- Peça, desta vez, que todos compartilhem uma coisa que eles não querem que outros saibam: "Diga seu nome e uma coisa que não gostaria que as pessoas soubessem a seu respeito."

Como líder da equipe **dê o primeiro passo sempre**. Também é importante compartilhar, de forma autêntica, algo que lhe veio à cabeça durante a reunião (não algo que você já preparou). Agradeça a todos por sua sinceridade e coragem. Pergunte a todos como foi iniciar a reunião dessa maneira e perceba qualquer mudança na energia da sala.

Produtividade humana saudável

A palavra produtividade é usada para indicar eficiência. A *produtividade* é uma medida de saída em comparação com a entrada. *Ser produtivo* sugere que você é capaz de "fazer mais com menos". Embora isso pareça sensato, grande parte da agitação na cultura de trabalho pode ser atribuída à sensação de ser "pressionado" para conseguir mais com menos recursos e menos tempo. Todavia, os seres humanos não podem ser reduzidos a um estado de produtividade semelhante ao de uma máquina, qual seja, simplesmente convertendo energia em resultados com base em um algoritmo. Esse tipo de trabalho é perfeito para uma máquina, mas não para um humano. Em alguns aspectos, se torna possível relembrar o apogeu inevitável da Revolução Industrial, que começou há mais de duzentos anos. Todavia, não temos que seguir essa trajetória. Vai ser ótimo se pudermos criar uma tecnologia que maximize a conversão de energia em produção, porém, como seres humanos, precisamos de um senso de liberdade para criar e fazer nosso melhor trabalho. Seguem alguns princípios e distinções para ajudá-lo a cultivar uma sensação de liberdade, mesmo que você trabalhe em uma cultura que trate seres humanos como máquinas.

A amplitude e a coragem para montar uma lista do que não fazer

O uso da palavra produtividade para se referir a uma pessoa ("qualidade de ser produtivo"), traz a sensação de que voltamos a 1809 (ORIGIN AND MEANING OF PRODUCTIVITY, s.d.). Por volta da mesma época, nasceu a "lista de tarefas", cujo primeiro registro, feito por Benjamin Franklin, data de 1791. Sua lista de tarefas se iniciava com a seguinte pergunta "Qual boa ação devo fazer neste dia?" (ZANTAL-WIENER, 2017). Seria uma coincidência a lista de tarefas ter nascido durante a Revolução Industrial? Independentemente das causas, ela se tornou menos uma ajuda para criarmos formas de serviço e mais uma algema.

A Psicologia da produtividade aponta para as vantagens de se ter uma lista do que *não fazer*. Ela serve para garantir que você fique longe das muitas coisas que você possa ser tentado a fazer que dispersam seu foco e energia sem ajudá-lo a fazer o que quer em seu dia (ZETLIN, 2020). Lembra-se do conselho de Warren Buffett ao seu piloto? Escolha as cinco melhores coisas que você deve fazer na vida e coloque todo o resto, incluindo as coisas que deseja fazer, em outra lista chamada: "Fique longe a qualquer custo".

Mas a discussão da lista de tarefas levanta, em primeiro lugar, a seguinte questão: Por que precisamos dela? Por que estamos motivados a colocar tarefas em uma lista e descrevemos como passaremos nosso tempo? Claramente, há um elemento saudável ao colocar seus pensamentos no papel. Mas a tendência moderna de preencher nosso tempo tem sido associada ao medo, sobretudo à liberdade. Ficamos ansiosos se nos sentirmos vazios ou entediados mesmo que não haja razão para tal, com isso, você, por um tempo, poderia simplesmente desfrutar sentado, em silêncio e respirando. Contudo, temos medo de perder algo ou de ficar para trás. Portanto, é preciso coragem para nos acomodarmos nesse vazio ou tédio e usá-lo como uma oportunidade para descansar e fazer uma autorreflexão. Permitir-se algum espaço pode ser a coisa mais assustadora que você já fez, caso seja um profissional de alto desempenho, mas isso lhe proporcionará ricas recompensas, como já discutimos na Parte Dois.

FAÇA TODOS OS DIAS UMA COISA QUE O ASSUSTE

Todos os dias, escolha uma coisa mesmo que ela seja assustadora Dar um pequeno passo na direção do medo, em vez de resistir a ele por meio de uma distração, denomina-se *confrontar seu limite*. Tal atitude pode fazer com quer você fique cara a cara com uma crença limitadora, de forma mais específica, sobre o que pode ou não fazer no trabalho, nos relacionamentos e na vida.

1. Do que você tem medo? Desafie as suposições que você tem (use o processo HAPI); entre no medo com um pequeno passo por vez.
2. Da mesma forma, o que você faz que deseja parar de fazer? Talvez isso sugue sua energia, o irrite ou seja apenas um hábito inútil? Pode parecer assustador, mas você sabe que o medo é simplesmente um pensamento inquestionável.
3. O que você criará hoje? Uma experiência de liberdade, paz ou autenticidade? Talvez você possa compartilhar uma mensagem escrita ou falada?

Nesse caso, não há como errar! Você está apenas vivendo em alinhamento com o que é verdadeiro para você. Lembre-se de celebrar seus esforços e sua coragem!

Vida vocacional vs. equilíbrio entre trabalho e vida pessoal

O termo "equilíbrio entre trabalho e vida pessoal" tem origem relativamente recente, visto que foi usado pela primeira vez no Reino Unido e nos Estados Unidos no final dos anos 1970 e 1980. Ele geralmente descreve satisfação e bom funcionamento no trabalho e em casa, com um mínimo de conflito de papéis (RANTANEN *et al.*, 2011). Vale dizer que, no local onde cresci, conceitos como "socialização" e "hobbies" não existiam. Conectar-se com as pessoas e dedicar tempo para saborear o momento estavam entranhados com o dia a dia no trabalho. Essas são as diferenças entre as sociedades individualistas e as mais comunitárias, bem como entre sociedades agrícolas, onde as pessoas vivem na terra e não têm horário de trabalho estabelecido, e as industriais, com uma clara demarcação entre ambientes laboral e vida pessoal.

Durante a vida inteira você pôde notar que não existe tal coisa como o equilíbrio entre trabalho e vida pessoal. Às vezes, o trabalho tem precedência, às vezes, sua vida pessoal tem. É mais uma discussão contínua, informada por seus ciclos criativos e pelos ritmos orgânicos da vida. O problema é quando a discussão se encerra e o trabalho se torna uma compulsão incentivada pela cultura laboral. O poeta David Whyte descreve tal prática de forma pungente em seus livros *The Three Marriages: Reimagining Work, Self And Relationship* (2009) e *The Heart Aroused: Poetry And The Preservation Of The Soul In Corporate America* (1994). Se você se sente acorrentado ao trabalho ou que está tendo dificuldades para manter todos os seus pratos girando, é hora de explorar o que está acontecendo. Talvez você esteja tentando atender a muitas expectativas externas de sucesso.

Uma vocação é uma ocupação para a qual uma pessoa é especialmente atraída ou para a qual ela é adequada, treinada e qualificada. Ela deriva do antigo termo francês vocacion, que significa "chamada, consagração; vocação, profissão", ou diretamente do termo latino vocatio, literalmente, "um chamado, um ser chamado". No entanto, viver vocacionalmente não implica que se tenha que ingressar em um mosteiro, pois você pode descobrir sua verdadeira vocação se estiver disposto a sair da armadilha, uma vez que tenha deixado de lado o peso das expectativas externas. Dessa forma, você pode descobrir que é atraído por uma carreira completamente diferente ou uma nova maneira de se envolver com o trabalho que já está realizando.

O que o atrai torna-se seu princípio de organização na vida. Se você for atraído pelo sucesso material, sua vida será organizada em torno disso. Caso seja atraído por fama e poder, sua vida será organizada dessa forma. Da mesma forma, se você for atraído por criatividade e paz, as coisas serão diferentes. O que o atrai torna-se seu princípio de organização na vida e é fomentado internamente, mas não imposto de forma externa. Normalmente, as pessoas diminuem o ritmo drasticamente quando se libertam da armadilha, contudo, alguns, de forma contrária, aceleram caso estejam presas e procrastinando. Uma vez fora da esteira, elas podem recuperar um ritmo de vida mais orgânico. Sua vocação pode ser simplesmente passar o tempo fazendo o que precisa ser feito, nem mais nem menos.

Habituar-se à amplitude

Uma de nossas doenças modernas é a falta de espaço interno, pois estamos saturados de informações, pensamentos, emoções e todo tipo de estimulação mental. Você pode ter ouvido a palavra "amplitude" ou talvez saiba o que significa por intuição. Uma maneira de pensar sobre a amplitude é que ela é o oposto de aglomeração. Como quando entra em uma sala com muitas coisas acumuladas ou em um escritório repleto de papéis e livros por toda parte, você percebe um espaço desordenado.

Pode ser que você tenha tido a sensação de estar "muito próximo" de uma situação ou pessoa, precisando se afastar dela e colocar alguma distância entre vocês. Entretanto, não há "distância psicológica" suficiente entre você e o próximo objeto. Às vezes, as pessoas se afastam para redescobrir essa sensação de amplitude. Pode parecer bem difícil diminuir o ritmo agitado da vida (a mente tem dificuldade de abandonar os estímulos e atividades constantes), mas, em poucos dias, elas se reconectam a uma sensação de paz e calma e se perguntam por que antes viviam de outra forma...

Além de bastante agradável, a amplitude parece nos dar mais resiliência diante da aflição. Em experimentos na Universidade de Yale sobre o impacto da amplitude, os participantes foram convidados a desenhar dois pontos em um pedaço de papel. Os que os desenharam distantes (um estímulo para a amplitude) foram mais resistentes a uma imagem ou estímulo angustiante do que aqueles que aproximaram os dois pontos. Pensa-se que a amplitude nos dá mais capacidade de nos sentirmos seguros e, portanto, calmos em qualquer situação, porque nos percebemos psicologicamente distantes da ameaça (HERBERT, 2008).

Dessa forma, amplitude não é apenas uma boa capacidade a se possuir, pois, além de aumentar a resiliência, também se descobriu que ela fomenta a criatividade, inclusive pela exposição a vastas paisagens naturais, seja diretamente ou por imagens (VAN ROMPAY; JOL, 2016). A criatividade é considerada a habilidade mais valorizada pelos líderes no século XXI (IBM, 2010). No entanto, as organizações muitas vezes falham em fornecer o ambiente certo para promover esse funcionamento cognitivo superior, enquanto pedem às pessoas para inovar. As expectativas da cultura de trabalho ainda estão agrupadas em torno da análise e da entrega de tarefas trabalhosas, em vez da amplitude e calma necessárias para esse tipo de brilhantismo espontâneo.

Seja escrevendo algo, tendo uma conversa difícil ou brincando com seus filhos, a amplitude muda a qualidade de sua atenção e energia. É outro motivo para diminuir o ritmo, aliviar sua agenda e priorizar o que realmente importa. Ao fazer isso por nós mesmos, permitimos que a cultura de trabalho se transforme.

Não compita, jogue infinitamente

O sucesso se torna uma armadilha se o perseguimos. Nós nos ludibriamos se o tratarmos como se ele estivesse em algum lugar para chegar e, uma vez alcançado, nos trouxesse a vitória. Essa ilusão é o que nos impede de enfrentar dificuldades e tirar as pessoas do nosso caminho. O filósofo James Carse chama essa versão de sucesso de um jogo finito e a distingue do jogo infinito, que se trata de algo maior, que podemos jogar tanto no trabalho quanto na vida (CARSE, 2003; SINEK, 2020). Os jogos finitos têm um começo e um fim. Por exemplo, em muitos esportes, a pessoa com mais pontos ganha. Ambos os jogadores não podem ganhar. Da mesma forma, pode ser que você vá a uma entrevista sabendo que somente uma pessoa conseguirá o emprego. Ou você consegue o emprego ou outra pessoa o faz. E se as carreiras, os negócios e a liderança não fossem jogos finitos, mas infinitos?

Os jogos infinitos não têm um fim. O jogo continua mesmo depois que os jogadores terminaram. A vida continua mesmo após a nossa morte. Da mesma forma, o trabalho, os negócios, a tecnologia continuarão depois que tivermos ido embora. Portanto, podemos relaxar e desfrutar do fazer parte do jogo por um tempo. Podemos acrescentar algumas notas à grande sinfonia.

Logo, da próxima vez que você se sentir nervoso sobre uma discussão, entrevista ou avaliação, embora possa parecer uma situação de vida ou morte, lembre-se que são apenas algumas notas extras na sinfonia; um pequeno movimento de um jogo universal muito maior, muito mais abrangente no qual você pode jogar. Em um jogo infinito, você não pode perder porque a única regra é dar o melhor de si e continuar jogando até que você se vá. Algumas vezes você pode estar à frente e outras vezes pode sentir que está atrás. Mas o jogo continua.

Se você estivesse ciente de que faz parte de algo maior e que sua carreira ou negócio não são uma questão de vida ou morte, mas sim uma oportunidade de oferecer seu melhor e fazer parte de algo muito maior, o que se tornaria possível? Talvez o impossível começasse a se tornar possível. Muitas pessoas que mudaram de carreira alcançaram algo muito maior ao abandonarem o sucesso convencional. Tanto Gandhi quanto Nelson Mandela abandonaram suas carreiras jurídicas, por exemplo. Talvez você possa abrir espaço para uma *meta impossível*, como acabar com a pobreza ou criar uma política compassiva. A meta final não é a questão. Trata-se da realização que sentimos ao darmos nossas energias a algo maior do que nós mesmos.

Você não precisa lidar com isso sozinho

Os profissionais de alto desempenho tendem a ser tão competentes que se esquecem de como é trabalhar com outros ou mesmo como pedir ajuda. Ao depender do apoio de outras pessoas (em vez de salvá-las), eles podem se sentir estranhos ou mesmo vulneráveis. Eles preferem a independência ainda que, muitas vezes, sejam prejudicados por isso. Trabalhar com as pessoas erradas pode o sugar energeticamente e fazer você se sentir isolado. Desse modo, as pessoas certas podem ajudá-lo a se sentir apoiado à medida que você permite que suas asas se abram, haja vista que elas enxergarão seu profundo potencial, mesmo quando você não puder. Elas refletirão as possibilidades e celebrarão os passos que você der, bem como estarão contigo nos piores dias, relembrando suas esperanças, seus sonhos e dons.

Ressalte-se que você não precisa estar cercado por muitas pessoas. Aqueles que o inspiram não precisam ser pessoas que você conhece pessoalmente. Em *The 10 Laws of Career Reinvention: Essential Survival Skills For Any Economy*, Pamela Mitchell sugere ter um Conselho de Reinvenção de Carreira: pares, colegas, amigos, mentores (MITCHELL, 2011). O número de pessoas não importa. O que conta é o impacto que elas têm sobre você. Uma pessoa pode estar presente para lhe oferecer apoio, outra porque é boa em perceber seus pontos cegos. Já outra por saber do tipo de trabalho que você quer fazer. Sendo assim, construir uma comunidade de pessoas que possam tanto mostrar o que é possível quanto desafiá-lo a ir além de suas crenças limitantes utilizando-se de uma impiedade compassiva é algo inestimável. Diminuir o ritmo em suas interações para que você possa se conectar com as pessoas em um nível mais profundo (abaixo dos padrões superficiais de comportamento e discurso) e enxergar o que é necessário em uma interação faz de suas relações um espaço maravilhoso para o desenvolvimento da criatividade, do cuidado e da liberdade.

Vivendo com uma sensação de liberdade

Espero que agora você esteja disposto, senão ansioso, a abraçar a incerteza e aceitar a sensação de possibilidade e liberdade que ela traz consigo. O trabalho não precisa ser enfadonho ou árduo. A satisfação e a liberdade estão mais próximas do que você pensa, pois estão a uma crença limitante ou sensação de medo de distância. Além disso, ambas podem ser abordadas por meio da investigação sobre seus pensamentos e domínio de suas emoções. Assim, seus pensamentos e crenças limitantes podem ter servido no passado — criando uma Armadilha do Sucesso, mais precisamente porque foram úteis — mas é hora de abandoná-las para que você possa liberar sua genialidade e explorar seu potencial em um nível profundo. Pode ser que seja necessário que você saia de um ambiente tóxico para realmente se concentrar em si e naquilo que realmente deseja. Todavia, o mais importante é a fagulha inicial de possibilidade, que lhe diz que algo mais é possível.

É claro que essas palavras podem parecer tudo, menos verdade, quando você está bem no meio de incertezas e dificuldades. Portanto, talvez você tenha que confiar em mim por um momento quando digo: você consegue! Sair da Armadilha do Sucesso requer coragem e atenção. Uma vez que você esteja do outro lado, uma nova jornada começa. Manter sua liberdade mental se torna um modo de vida. É como as bonecas russas. Cada vez que abre uma, você se sente um pouco mais livre e feliz, bem como mais conectado aos seus valores mais profundos. Todavia, pode ser que você descubra que uma boneca revela a outra. Cada uma delas representa uma crença limitante que você pode romper com o fim de enxergar com mais clareza.

Com o tempo, você se torna melhor leitor do terreno fora da Armadilha do Sucesso, e os desafios enfrentados tornam-se simplesmente um reflexo de crenças limitantes que ainda são mantidas. É o que o poeta Paul Eluard chamou de "as geografias solenes dos limites humanos" (ELUARD, 2005). Com isso, você se torna seu próprio professor, mentor e guia quando está fora da Armadilha do Sucesso. Mais que isso, se torna capaz de pedir e receber ajuda de pessoas confiáveis. Você se torna mais perspicaz em relação a quais chefes e organizações são saudáveis. Mais importante ainda, você é a fonte de sua própria felicidade: esse é o sucesso definitivo.

Conclusão

"Tudo parece impossível até que seja feito"

Então, você está aqui. Conseguiu chegar ao final do livro, mas a jornada continua. Talvez seja apenas o início da sua transformação de carreira. Pode ser, também, que você esteja no meio confuso. Talvez, quando começou a ler este livro, você estava preocupado com a direção de sua carreira ou sentiu que estava perdendo tempo ao não explorar seu potencial. Mas agora, pode ser que você tenha se reconectado com sua visão maior e com algo inspirador. Caso contrário, não se preocupe. Tudo vem em seu próprio tempo. Continue se dedicando a questionar suas suposições e permaneça curioso sobre o que é possível.

Cerca de um bilhão de pessoas não estão satisfeitas no trabalho. De acordo com a pesquisa do estado global do ambiente de trabalho da Gallup, que discutimos no Capítulo 1, 85 por cento dos funcionários "não estão engajados" ou estão "sem engajamento ativo" em relação ao trabalho, situação que indica que a maior parte da força de trabalho global está infeliz. Como resultado, estima-se uma perda de produtividade de sete trilhões de dólares, sem mencionar o potencial humano perdido.

A causa dessa infelicidade global? De acordo com o relatório:

> a nova força de trabalho está procurando coisas como propósito, oportunidades de desenvolvimento, discussões contínuas ou um coach. Além disso almejam um chefe e um gestor que aproveite seus pontos fortes, em vez de ficar obcecado com suas fraquezas. Eles veem o trabalho e a vida como interligados e querem que as atividades laborais sejam parte de sua identidade.

A reforma da cultura corporativa global é uma solução de longo prazo. Bons líderes e culturas organizacionais saudáveis podem ajudar, mas não podemos confiar nas circunstâncias externas para a felicidade. Essa é apenas mais uma armadilha. Então, o que você pode fazer nesse meio-tempo? Passar um longo período cogitando sobre o trabalho ideal, a estratégia de negócios ou encontrar seu propósito e valores não é o uso ideal de seu tempo. Na verdade, abandonar a necessidade de encontrar seu propósito é imensamente libertador, pois você pode construir sobre seu capital de carreira e lançar-se com sucesso em uma nova função, bem como pode, ao mesmo tempo, construir um negócio, e, nesse emaranhado, à medida que avança, descobre seu propósito. Durante todo esse tempo, você pode separar mais tempo para descanso, relacionamentos, criatividade e qualquer outra coisa que valorize profundamente e que faça a vida valer a pena.

Uma coisa é certa: a vida está sempre mudando. Mas um senso de fluxo e realização no trabalho exige consciência e coragem para exercer a escolha. Precisamos realizar um trabalho interior se quisermos nos libertar de crenças limitantes, identidades e mitos culturais e desaprender o que não está mais adaptado à incerteza do século XXI. A incorporação desse entendimento na vida diária de trabalho libera nossa energia e genialidade. Também nos liberta das concepções errôneas limitantes da Armadilha do Sucesso. Então, podemos atravessar os ciclos criativos de nosso trabalho e nossa vida com mais alegria.

Em muitos aspectos, a Armadilha do Sucesso é nossa história humana maior. Estamos no topo da cadeia alimentar, mas nossa maneira de viver, com sua busca incessante por mais, ameaça destruir nosso meio ambiente e a nós mesmos no processo. Questionando nossas identidades socialmente construídas, podemos abraçar novas possibilidades e nos libertar da Armadilha do Sucesso. Como resultado, começamos a contribuir para a reinvenção radical do tecido social e cultural de nossa civilização, longe da ganância e do medo, direcionando-nos, assim, a mais compaixão, generosidade e sabedoria.

Nenhuma segurança material ou validação externa lhe dará a certeza que seus instintos cerebrais mamíferos-reptilianos buscam. A coragem de olhar para dentro e diferenciar entre as limitações reais da vida (sua incerteza inerente, perda e eventualmente morte) e perceber suas limitações o ajudará a se libertar de qualquer armadilha que você tenha construído inadvertidamente para si. A certeza que você busca pode simplesmente vir do conhecimento de que pode enfrentar tudo o que a vida lhe lança e se comprometer a fazer o melhor com as capacidades que tem.

Dê a si mesmo espaço e tempo para ouvir seu gênio interior. Deixe-se ajudar a articular e resolver os conflitos interiores do trabalho e da vida do século XXI. Com o espaço, você pode resolver o paradoxo de como seu antigo sucesso se interpõe no caminho de seu novo sucesso. Quando você estiver se sentindo preso ou encurralado, dê a si mesmo um momento para fazer uma pausa e se perguntar: *Que suposições estou fazendo neste momento? Por que são inúteis?* É preciso paciência e compaixão para desafiar as suposições limitantes, as identidades e os mitos culturais que aprendemos ao longo de uma vida. Com impiedade compassiva, sua disposição para resolver qualquer confusão o levará adiante e para fora da armadilha.

Uma coisa que tenho notado é que a vida dá uma reviravolta quando estou fazendo algo e pensando assim: *prefiro fazer isso com poucos recursos do que não fazer nada*. É assim que sei que meu propósito, ou pelo menos o próximo passo no meu propósito, se revelou. Não pergunte que trabalho pode fazer você se sentir bem ou qual poderia lhe pagar bem. Pergunte pelo que você está disposto a fracassar e faça mais do que isso. Descubra-se tendo coragem para admitir que o fracasso e o sucesso fazem parte da mesma jornada. Se você está falhando, está muito mais perto do sucesso do que pensa. Quanto mais você estiver disposto a errar e estiver aberto a aprender com a experiência, mais você poderá ter sucesso em seus próprios termos e ser livre. Com isso, você terá mudado de uma mentalidade de empregado para uma mentalidade empreendedora, que é sem dúvida o futuro do trabalho para os humanos, especialmente porque as máquinas assumem tarefas repetitivas e não criativas, nos deixando com as mais complexas, para as quais o gênio humano intangível é mais adequado.

Permitir-se avançar com os princípios que ressoaram para você neste livro ajudará a guiá-lo para uma nova trajetória, mesmo que ainda não esteja totalmente formada em sua mente. Você não precisa esperar por um emprego dos sonhos ou ganhar muito dinheiro para sair da armadilha. Deixe que seu propósito se revele enquanto você vive com autenticidade e integridade, pois você é feito com esse tipo de coragem. Nos tempos mais difíceis em que eu quis desistir e o mundo parecia um lugar sombrio, ouvi com o coração as palavras de Nelson Mandela: *tudo parece impossível até que seja feito*.

Bibliografia

Capítulo 1

80000. About us: 80,000 Hours. *80,000 Hours*, 2019. Disponível em: <https://80000hours.org/about/>. Acesso em: 02 fev. 2020.

ANDERSON, B. The most in-demand hard and soft skills of 2020, LinkedIn Talent Blog. *LinkedIn Taleng Blog*, 09 de jan. de 2020. Disponível em: <https://business.linkedin.com/talent-solutions/blog/trends-and-research/2020/most-in-demand-hard-and-soft-skills>. Acesso em: 05 fev. 2020.

BARRETT, H. Plan for five careers in a lifetime. *Financial Times*, 05 de set. de 2020. Disponível em: <www.ft.com/content/0151d2fe-868a-11e7-8bb1-5ba57d47eff7>. Acesso em: 02 fev. 2020.

BENNETT, N.; LEMOINE, G. J. What VUCA really means for you. *Harvard Business Review*, jan-fev. 2014. Disponível em: <https://hbr.org/2014/01/what-vuca-really-means-for-you>. Acesso em: 11 jan. 2020.

BRYNJOLFSSON, E.; MCAFEE, A. *A segunda era das máquinas:* trabalho, progresso e prosperidade em uma época de tecnologias brilhantes. Rio de Janeiro: Alta Books, 2014.

BRYSON, A.; MACKERRON, G. Are you happy while you work? *The Economic Journal*, v. 127, n. 599, p. 106-25, 2017.

CLIFFORD, C. Elon Musk: Robots will take your jobs, government will have to pay your wage. *CNBC*, 04 de nov. de 2016. Disponível em: <www.cnbc.com/2016/11/04/elon-musk-robots-will-take-your-jobs-government-will-have-to-pay-your-wage.html>. Acesso em: 02 fev. 2020.

COOK, J. One in three GPs likely to quit within five years, warns RCGP. *GP*, 03 de dez. de 2018. Disponível em: <www.gponline.com/one-three-gps-likely-quit-within-five-years-warns-rcgp/article/1520103>. Acesso em: 02 fev. 2020.

DE NEVE, J-E.; WARD, G. Happiness at work. *Center for Economic Performance*, mar. 2017. Disponível em:<http://cep.lse.ac.uk/pubs/download/dp1474.pdf>. Acesso em: 13 abr. 2020.

GALLUP. State of the Global Workplace. Disponível em: <www.slideshare.net/adrianboucek/state-of-the-global-workplace-gallup-report-2017>. Acesso em: 13 abr. 2020.

HELLIWELL, J. F.; LAYARD, R.; SACHS, J. D. World Happiness Report 2019, Sustainable Solutions Network. *World Happiness Report*, 2019. Disponível em: <https://worldhappiness.report/ed/2019/#read>. Acesso em: 08 abr. 2020.

HITCHCOCK, A.; LAYCOCK, K.; SUNDORPH, E. Work in Progress: Towards a Leaner, Smarter Public-Sector Workforce. *Reform*, 2017. Disponível em: <https://reform.uk/research/work-progress-towards-leaner-smarter-public-sector-workforce>. Acesso em: 02 jan. 2020.

MCKINSEY & CO. Jobs lost, jobs gained: What the Future of Work will Mean for Jobs, Skills, and Wages. *McKinsey & Company*, 28 de nov. de 2017. Disponível em: <www.mckinsey.com/featured-insights/future-of-work/jobs-lost-jobs-gained-what-the-future-of-work-will-mean-for-jobs-skills-and-wages>. Acesso em: 23 set. 2020.

UN. Special Edition: Progress Towards the Sustainable Development Goals Report of the Secretary-General. *United Nations*, 8 de maio de 2019. Disponível em: <https://undocs.org/E/2019/68>. Acesso em: 02 fev. 2020.

USBORNE, S. Why a Career is no Longer for Life. *The Independent*.Disponível em: <www.independent.co.uk/voices/comment/why-a-career-is-no-longer-for-life-9032851.html>. Acesso em: 02 fev. 2020.

WEF. The Inclusive Growth and Development Report 2017 Insight Report. *World Economic Forum*, jan. 2017. Disponível em: <www3.weforum.org/docs/WEF_Forum_IncGrwth_2017.pdf>. Acesso em: 02 fev. 2020.

Capítulo 2

BARR, S. This is How Much Money You Need To Earn To Be Happy, According To New Study. *The Independent*, 18 de fev. de 2018. Disponível em: <www.independent.co.uk/life-style/money-happiness-howmuch-earnings-income-needed-study-perdue-university-indiana-gallup-world-poll-a8218086.html>. Acesso em: 02 fev. 2020

BLANCHFLOWER, D. G.; OSWALD, A. J. Is Well-Being U-Shaped Over the Life Cycle? *Social Science and Medicine*, v. 66, n. 8, p. 1733-1749, 2008.

DWYER, K. K.; DAVIDSON, M. M. Is Public Speaking Really More Feared than Death? *Communication Research Reports*, v. 29, n. 2, p. 99-107, 2012.

EDMONSON, A. The Importance of Psychological Safety. *HR Magazine*, 04 de dez. de 2018. Disponível em: <www.hrmagazine.co.uk/article-details/the-importance-of-psychological-safety>. Acesso em: 15 jan. 2020.

FLEMING, S. These 4 Trends are Shaping the Future of your Job. *World Economic Forum*, 11 de fev. de 2019. Disponível em: <www.weforum.org/agenda/2019/02/these-4-trends-are-shaping-the-future-of-your-job/>. Acesso em: 04 fev. 2020.

GALLO, C. Research Shows This is the Ideal Age to Start a Business. *Business Insider*, 2018. Disponível em: <www.businessinsider.com/research-shows-this-is-the-ideal-age-to-start-a-business-2018-2?r=US&IR=T>. Acesso em: 02 fev. 2020.

IBM. Capitalizing on Complexity: Insights from the Global Chief Executive Officer Study. *IBM*, 2010. Disponível em: <www.ibm.com/downloads/cas/1VZV5X8J>. Acesso em: 04 jan. 2020.

JEBB, A. T. *et al.* Happiness, Income Satiation and Turning Points Around the World, *Nature Human Behaviour*, v. 2, n. 1, p. 33-38, 2018.

JOUBERT, J. H. M.; ROTHMANN, S. Job Demands, Job Resources, Burnout and Work Engagement of Managers at a Platinum Mine in the North West Province. *South African Journal of Business Management — Sabinet*, v. 38, n. 3, p. 49-61, 2007.

KORCZAK, D.; HUBER, B. Burn-out: Kann Man es Messen? *Bundesgesundheitsblatt — Gesundheitsforschung — Gesundheitsschutz*, v. 55, n. 2, p. 164-171, 2012.

LAYARD, R. *Felicidade:* lições de uma nova ciência. Rio de Janeiro: Best Seller, 2008.

MARMOT, M. *Status Syndrome:* How your Place on the Social Gradient Directly Affects your Health. Londres: Bloomsbury Paperbacks, 2015.

MAYO CLINIC. Job Burnout: How to Spot it and Take Action. *Mayo Clinic*, 2018. Disponível em: <www.mayoclinic.org/healthy-lifestyle/adult-health/in-depth/burnout/art-20046642>. Acesso em: 02 fev. 2020.

NORMAN, S. B.; MAGUEN, S. Moral injury. PTSD: National Center for PTSD. *U.S. Department of Veteran Affairs*, 2020. Disponível em: <www.ptsd.va.gov/professional/treat/cooccurring/moral_injury.asp>. Acesso em: 02 fev. 2020.

RAEDEKE, T. D., GRANZYK, T. L.; WARREN, A. Why Coaches Experience Burnout: A Commitment Perspective. *Journal of Sport and Exercise Psychology*, v. 22, n. 1, p. 85-105, 2000.

ROBINSON, O. C.; WRIGHT, G. R. T. The Prevalence, Types and Perceived Outcomes of Crisis Episodes in Early Adulthood and Midlife. *International Journal of Behavioral Development*, v. 37, n. 5, p. 407-416, 2013.

ROSE, A. *The Alison Rose Review of Female Entrepreneurship*. 2019. Disponível em: <https://assets.publishing.service.gov.uk/government/uploads/system/uploads/attachment_data/file/784324/RoseReview_Digital_FINAL.PDF>. Acesso em: 13 abr. 2020.

SCHWAB, K. The Fourth Industrial Revolution: What it Means and How to Respond. *World Economic Forum*, 14 de jan. de 2016. Disponível em: <www.weforum.org/agenda/2016/01/the-fourth-industrial-revolution-what-it-means-and-how-to-respond/>. Acesso em: 02 fev. 2020.

SCHWANDT, H. Why So Many of us Experience a Midlife Crisis. *Harvard Business Review*, 20 de abr. de 2015. Disponível em: <https://hbr.org/2015/04/why-so-many-of-us-experience-a-midlife-crisis>. Acesso em: 02 fev. 2020.

SCHWARTZ, T. The Productivity Myth. *Harvard Business Review*, 05 de maio de 2010. Disponível em: <https://hbr.org/2010/05/the-productivity-myth-2>. Acesso em: 02 fev. 2020.

SIMOVIC, D. 39 Entrepreneur Statistics you Need to Know in 2020. *Smallbizgenius*, 2019. Disponível em: <www.smallbizgenius.net/by-the-numbers/entrepreneur-statistics/#gref>. Acesso em: 05 fev. 2020.

SINEK, S. *Líderes se servem por último:* como construir equipes seguras e confiantes. Rio de Janeiro: Alta Books, 2019.

STOUT, L. *The Shareholder Value Myth*. Londres: Penguin Random House, 2012.

USBORNE, S. Why a Career is No Longer for Life. *The Independent*, 01 de jan. de 2014. Disponível em: <www.independent.co.uk/voices/comment/why-a-career-is-no-longer-for-life-9032851.html>. Acesso em: 02 fev. 2020.

WEBER, M.; SWEDBERG, R. *The Protestant Ethic and the Spirit of Capitalism*: The Talcott Parsons Translation Interpretations. Nova York: W.W. Norton & Co, 2009.

Capítulo 3

AHRQ. Fatigue, Sleep Deprivation, and Patient Safety. *PSNet*, 2019. Disponível em: <https://psnet.ahrq.gov/primer/fatigue-sleep-deprivation-and-patient-safety>. Acesso em: 02 fev. 2020.

BRONSON, P. *How not to Talk to your Kids. New York Magazine*, 09 de fev. de 2007. Disponível em: <http://nymag.com/news/features/27840/>. Acesso em: 02 fev. 2020.

COFFEY, H. Hypoxia Definition — Why Adults SHOULD do their Oxygen Mask BEFORE a Child's on A Flight. *The Express*, 24 de jan. de 2017. Disponível em: <www.express.co.uk/travel/articles/758140/hypoxia-definition-flight-mask>. Acesso em: 02 fev. 2020.

DWECK, C. Caution: Praise Can Be Dangerous. *American Educator — American Federation of Teachers*, 1999. Disponível em: <www.aft.org/sites/default/files/periodicals/PraiseSpring99.pdf>. Acesso em: 02 fev. 2020.

EDMONSON, A. C. *A organização sem medo:* criando segurança psicológica no local de trabalho para aprendizado, inovação e crescimento. Rio de Janeiro: Alta Books, 2021.

FRANKL, V. E. *A vontade de sentido:* fundamentos e aplicações da logoterapia. Rio de Janeiro: Paulus Editora, 2011.

FRANKLIN, R. C.; PEARN, J. H. Drowning for Love: The Aquatic Victim-Instead-of-Rescuer Syndrome — Drowning Fatalities Involving those Attempting to Rescue a Child. *Journal of paediatrics and child health*, v. 47, n. 1-2, p. 44-47, 2011.

FROMM, E. *O medo à liberdade*. Rio de Janeiro: LTC, 1983.

GARCÍA, H. *Ikigai*: os segredos dos japoneses para uma vida longa e feliz. Rio de Janeiro: Intrínseca, 2018.

HOANG, Q. The Impostor Phenomenon: Overcoming Internalized Barriers and Recognizing Achievements. *The vermont connection*, v. 34, n. 1, art. 6, 2013. Disponível em: <https://scholarworks.uvm.edu/tvc/vol34/iss1/6>. Acesso em: 02 fev. 2020.

KETS DE VRIES, M. F. R. Leadership coaching and the Rescuer Syndrome: How to manage Both Sides of the Couch. *SSRN Electronic Journal*, 2012. Disponível em: <https://doi.org/10.2139/ssrn.1722610>.

ROSE, P.; SUZANNE, C.; IMES, A. The Impostor Phenomenon in High Achieving Women: Dynamics and Therapeutic Intervention. *Psychotherapy: theory, research and practice*, v. 15, n. 3, p 241-247, 1978.

SAMPSON, J. P. *et al.* Using Readiness Assessment to Improve Career Services: a Cognitive Information-Processing Approach. *The career development quarterly*, v. 49, n. 2, p. 146-174, 2000.

SANDEL, M. Justice (Curso), Boston, Universidade de Harvard. 2020. Disponível em: <https://online-learning.harvard.edu/course/justice>. Acesso em: 02 fev. 2020.

SPRAGUE, S. Below Trend: The U.S. Productivity Slowdown Since the Great Recession — Beyond the Numbers. *U.S. Bureau of Labor Statistics*, v. 6, n. 2, 2017.

STEINER, S. Top Five Regrets of the Dying. *The Guardian*, 01 de fev. de 2012. Disponível em: <www.theguardian.com/lifeandstyle/2012/feb/01/top-five-regrets-of-the-dying>. Acesso em: 02 fev. 2020.

TAYLOR, B. The Productivity Myth: How Modern Companies are Getting Work Wrong. *Dropbox blog*, 19 de mar. de 2019. Disponível em: <https://blog.dropbox.com/topics/work-culture/productivity-myth-getting-work-wrong>. Acesso em: 02 fev. 2020.

THE HUB EVENTS. Impostor Syndrome Survey Results. *The Hub Events*, 21 de ago. de 2019. Disponível em: <www.thehubevents.com/resources/impostor-syndrome-survey-results>. Acesso em: 02 fev. 2020.

WINSTON, C. N. International Contributions Points of Convergence and Divergence Between Existential and Humanistic Psychology: A Few Observations. *The Humanistic Psychologist*, v. 43, n. 1, p. 40-53, 2015.

Capítulo 4

CLARINE, S. Crush your Goals Like a Navy SEAL: 4 Guaranteed Ways to Step Up and Make Progress. *One idea away.* [s.d.] Disponível em: <www.oneideaaway.com/develop-micro-goals/>. Acesso em: 04 fev. 2020.

CSIKSZENTMIHÁLYI, M. *Flow*: A psicologia do alto desempenho e da felicidade.

Rio de Janeiro: Objetiva, 2020.

______ *Flow:* A psicologia do alto desempenho e da felicidade. Rio de Janeiro: Objetiva, 2020.

FULLAGAR, C. J.; KELLOWAY, E. K. Flow at Work: An Experience Sampling Approach. *Journal of occupational and organizational psychology*, v. 82, n. 3, p. 595-615, 2009.

GARDNER, S.; ALBEE, D. Dominican Research Cited in Forbes Article. *Dominican Scholar*, 14 de jan. de 2013. Disponível em: <https://scholar.dominican.edu/news-releases/386>. Acesso em: 08 abr. 2020.

GILBERT, D. *O que nos faz felizes:* o futuro nem sempre é o que imaginamos. Rio de Janeiro: Campus, 2006.

IBARRA, H. *Working Identity*: Unconventional Strategies for Reinventing your Career. Cambridge: Harvard Business School Press, Harvard, 2003.

IBM. Capitalizing on Complexity: Insights from the Global Chief Executive Officer Study. *IBM*, 2010. Disponível em: <www.ibm.com/downloads/cas/1VZV5X8J>. Acesso em: 08 abr. 2020.

JACOBS, D. *Banish Your Inner Critic:* Silence the Voice of Self-Doubt to Unleash Your Creativity and do Your Best Work. Miami: Mango Publishing Group, 2017.

KIM, K. H. *The Creativity Challenge:* How we can recapture American Innovation. Nova York: Prometheus Books, 2016.

LIMB, C. J.; BRAUN, A. R. Neural Substrates of Spontaneous Musical Performance: An fMRI Study of Jazz Improvisation. *PLoS ONE*, v. 3, n. 2, p. e1679, 2008.

MASLOW, A. H. Classics In The History Of Psychology: A Theory Of Human Motivation. *Psychological Review*, 50, p. 370-396, 1943. Disponível em: <http://psychclassics.yorku.ca/Maslow/motivation.htm>.

MCCARTNEY, P. What is The Story Behind the Beatles' Let It Be? *Radio X*, James Corden Show, 2019. Disponível em: <www.radiox.co.uk/artists/beatles/let-it-be-meaning-story-lyrics/>. Acesso em: 06 fev. 2020.

MEISTER, J. The future of Work: Job Hopping is the "New Normal" for Millennials. *Forbes*, 14 de ago. de 2012. Disponível em: <www.forbes.com/sites/jeanne-meister/2012/08/14/the-future-of-work-job-hopping-is-the-new-normal-for-millennials/#4d88e7a613b8>. Acesso em: 02 jan. 2020.

MURPHY, B. 17 Things Navy Seals Learn that Can Help You Succeed in Life.

Inc.com, 01 de dez. de 2015. Disponível em: <www.inc.com/bill-murphy-jr/heres-the-ultimate-navy-seal-guide-to-exceptional-successand-achievement.html>. Acesso em: 04 fev. 2020.

NAVY SEALS. Hell Week. *Navy SEALs*. [s.d.] Disponível em: <https://navyseals.com/nsw/hell-week-0/>. Acesso em: 04 fev. 2020.

OSHIN, M. Warren Buffett's "3-step" 5/25 strategy: How to focus and prioritize your time like a billionaire. *Mayo Oshin Newsletter*. [s.d.] Disponível em: <https://mayooshin.com/buffett-5-25-rule/>. Acesso em: 08 abr. 2020.

RITTER, S. M.; DIJKSTERHUIS, A. Creativity: The Unconscious Foundations of The Incubation Period. *Frontiers in Human Neuroscience*. Disponível em: <https://doi.org/10.3389/fnhum.2014.00215>. Acesso em: 08 jun. 2021.

ROBBINS, T. 6 human needs: Do you Need to Feel Significant? *Entrepeneur*, 2014 Disponível em: <www.tonyrobbins.com/mind-meaning/do-you-need-to-feel-significant/>. Acesso em: 04 fev. 2020.

SCIENTIFIC AMERICAN. What is the Function of The Various Brainwaves?, 22 de dez. de 1997. Disponível em: <www.scientificamerican.com/article/what-is-the-function-of-t-1997-12-22/>. Acesso em: 13 abr. 2020.

SEVILLA, G. C. 10 Skills Needed Most in 2020 and 30 Free Courses to Learn Them. *Entrepreneur*, 10 de jan. de 2020. Disponível em: <www.entrepreneur.com/article/344870?utm_source=newsletter&utm_medium=email>. Acesso em: 01 fev. 2020.

SHIMAMURA, A. P. Muybridge in motion: Travels in art, psychology and neurology. *History of photography*, v. 26, n. 4, p. 341-350, 2002.

TAMIR, D. I.; MITCHELL, J. P. Disclosing Information About the Self is Intrinsically Rewarding. *Proceedings of the National academy of sciences of the United States of America*, v. 109, n. 21, p. 8038-8043, 2012.

WALLAS, G. *The Art of Thought*. Nova York: Harcourt Brace, 1926.

Capítulo 5

ARONSSON, G. *et al.* A Systematic Review Including Meta-Analysis of Work Environment and Burnout Symptoms. *BMC Public Health*, v. 17, n. 1, 2017. Disponível em: <https://doi.org/10.1186/s12889-017-4153-7>.

BOLDEN-BARRETT, V. Worker Stress Costs Employers Billions in Lost Productivity. *HR Dive*, 19 de mar. de 2019. Disponível em: <www.hrdive.com/news/worker-stress-costs-employers-billions-in-lost-productivity/550651/>. Acesso em: 04 fev. 2020.

BUSER, T.; PETER, N. Multitasking: Productivity Effects and Gender Differences. *Tinbergen Institute*, 2011. Disponível em: <http://www.economists.nl/files/20110223-MultitaskingTI.pdf>. Acesso em 04 fev. 2020.

CHANG, C.; GROENEVELD, R. Slowing Down to Speed Up. *McKinsey & Company blog*, 23 de mar. de 2018. Disponível em: <www.mckinsey.com/business-functions/organization/our-insights/the-organization-blog/slowing-down-to-speed-up>. Acesso em: 02 jan. 2020.

COVEY, S. R. *Os sete hábitos das pessoas altamente eficazes*. Rio de Janeiro: BestSeller, 2017.

DUFU, T.; STEINEM, G. *Drop the Ball*: Expect Less from Yourself and Flourish at Work & Life. Londres: Penguin, 2018.

FOURDAYWEEK. Four-day Week Trial. *4 Day Week*, 2020. Disponível em: <https://4dayweek.com/four-day-week-trial>. Acesso em: 04 fev. 2020.

FRIETSCH, T. Effect of 8 Weeks of MBSR Training on Neuroplasticity and Improvement of Attention, Memory And Well-Being. *Clinical Trials*, 2016. Disponível em: <https://clinicaltrials.gov/ct2/show/NCT02672761>. Acesso em: 24 dez. 2019.

GOLEMAN, D. *Inteligência emocional:* a teoria revolucionária que redefine o que é ser inteligente. Rio de Janeiro: Objetiva, 2012.

HARRIS, D. B. *10% mais feliz:* como aprendi a silenciar a mente, reduzi o estresse e encontrei o caminho para a felicidade — uma história real. Rio de Janeiro: Editora Sextante, 2015.

HARRIS, D; HAPPIFY. The Skeptic's Guide to Meditation. *Happify*. [s.d.] Disponível em: <www.happify.com/hd/skeptics-guide-to-meditation-infographic-dan-harris/>. Acesso em: 08 abr. 2020.

IBM. Capitalizing on Complexity: Insights from The Global Chief Executive Officer Study. *IBM*, 2010. Disponível em: <www.ibm.com/downloads/cas/1VZV5X8J>. Acesso em: 04 jan. 2020.

IRELAND, T. What does Mindfulness Meditation do to Your Brain? *Scientific American Blog Network*, 12 de jun. de 2014. Disponível em: <https://blogs.scientificamerican.com/guest-blog/what-does-mindfulness-meditation-do-to-your-brain/>. Acesso em: 23 dez. 2019.

LONGE, O. *et al.* Having a Word With Yourself: Neural Correlates of Self-Criticism and Self-Reassurance. *NeuroImage*, v. 49, n. 2, p. 1849-1856, 2010.

MACKIAN, S. A Review of Health Seeking Behaviour: Problems and Prospects. 2002. Disponível em: <https://assets.publishing.service.gov.uk/media/57a08d1de5274a27b200163d/05-03_health_seeking_behaviour.pdf>Acesso em: 04 fev. 2020.

MCGUIRE, J. B.; TANG, V. Slow Down to Speed Up. *Forbes*, 23 de fev. de 2011. Disponível em: <www.forbes.com/2011/02/23/slow-down-speed-efficiency-leadership-managing-ccl.html#5ddec8ea4be1>. Acesso em: 04 jan. 2020.

NEWPORT, C. *Trabalho focado*: como ter sucesso em um mundo distraído. Rio de Janeiro: Alta Books, 2018.

PAUL, K. Microsoft Japan Tested a Four-Day Work Week and Productivity Jumped By 40%. *The Guardian*, 04 de nov. de 2019. Disponível em: <www.theguardian.com/technology/2019/nov/04/microsoft-japan-four-day-work-week-productivity> Acesso em: 04 fev. 2020.

SINGH, J., GOOLSBY, J. R.; RHOADS, G. K. Behavioral and Psychological Consequences of Boundary Spanning Burnout for Customer Service Representatives. *Journal of Marketing Research*, v. 31, n. 4, p. 558-569, 1994.

SWART, T.; CHISHOLM, K.; BROWN, P. *Neuroscience for leadership*: Harnessing the Brain Gain Advantage. Basingstoke: Palgrave, 2015.

TOLLE, E. *O poder do agora:* um guia para a iluminação espiritual. Rio de Janeiro: Sextante, 2010.

ZOMERLAND, G. H.A.L.T. (Hungry, Angry, Lonely and Tired): A Self-Care Tool. *Healthy psych*, 07 de jun. de 2014. Disponível em: <https://healthypsych.com/h-a-l-t-hungry-angry-lonely-and-tired-a-self-care-tool/>. Acesso em: 06 fev. 2020.

Capítulo 6

BERGER, P. L.; LUCKMANN, T. *The Social Construction of Reality*: A Treatise in The Sociology of Knowledge. Nova York: Doubleday & Company, 1966.

BONCHEK, M. Why the Problem With Learning is Unlearning. *Harvard Business Review*, 03 de nov. de 2016. Disponível em: <https://hbr.org/2016/11/why-the-problem-with-learning-is-unlearning>. Acesso em: 03 jan. 2020.

BONO, G., EMMONS, R. A.; MCCULLOUGH, M. E. Gratitude in Practice and The Practice of Gratitude. In: LINLEY P. A.; JOSEPH S. (Orgs.). *Positive psychology in practice*. Hoboken: John Wiley & Sons, 2012. p. 464-481.

BOYD, R.; MYERS, J. Transformative Education. *International Journal of Lifelong Education*, v. 7, n. 4, p. 261-284, 1988.

BREWER, J. A. *et al.* Mindfulness Training for Smoking Cessation: Results from a Randomized Controlled Trial. *Drug and Alcohol Dependence*, v. 119, n. 1-2, p. 72-80, 2011.

CLEM, R. L.; SCHILLER, D. New Learning and Unlearning: Strangers or Accomplices in Threat Memory Attenuation? *Trends in Neurosciences*, v. 39, n. 5, p. 340-351, 2016.

DRUCKMAN, D.; BJORK, R. A. *Learning, Remembering, Believing*: Enhanced Human Performance. Washington, DC: National Academies Press, 1994.

FLOWER, J. In the Mush. *Physician Executive*, v. 25, n. 1, p. 64, 1999. Disponível em: <http://connection.ebscohost.com/c/articles/1560025>. Acesso em: 03 fev. 2020.

GOLEMAN, D. *Inteligência emocional:* a teoria revolucionária que redefine o que é ser inteligente. Rio de Janeiro: Objetiva, 1996.

HARRIS, S. *Waking up*: A Guide to Spirituality Without Religion. Nova York: Simon and Schuster, 2014.

HOFMANN, S. G.; GROSSMAN, P.; HINTON, D. E. Loving-kindness and Compassion Meditation: Potential for Psychological Interventions. *Clinical Psychology Review*, v. 31, n. 7, p. 1126-1132, 2011.

IRVINE, W. B. *A Guide to The Good Life:* The Ancient Art of Stoic Joy. Oxford: Oxford University Press, 2009.

KROSS, E. *et al.* Self-talk as a Regulatory Mechanism: How You Do It Matters. *Journal of Personality and Social Psychology*, v. 106, n. 2, p. 304 -324, 2014.

LEAVISS, J.; UTTLEY, L. Psychotherapeutic Benefits of Compassion Focused Therapy: An Early Systematic Review. *Psychological Medicine*, v. 45, n. 5, p. 927-945, 2015.

LITTLE, W. Society and Social Interaction. In: LITTLE, W. (Org). *Introduction to Sociology*. OpenStax College, open source, 2012. cap. 4. Disponível em: <https://opentextbc.ca/introductiontosociology/chapter/chapter4-society-and-social-interaction/#section4.3>. Acesso em: 03 jan. 2020.

MARTIN-CUELLAR, A. Self-reflexivity Through Journaling: An Imperative Process for The Practicing Clinician. *The William & Mary Educational Review*, v. 5, n. 1, art. 11, 2018. Disponível em: <https://pdfs.semanticscholar.org/826c/cad19d601af4f4747a6c7dd527cc4958cd73.pdf> Acesso em: 14 abr. 2020.

MORAN, B. P.; LENNINGTON, M. *1 Ano em 12 Semanas:* faça mais em 12 semanas do que os outros fazem em 12 meses. Rio de Janeiro: Alta Books, 2021.

NEWSTROM, J. The Management of Unlearning: Exploding the "Clean Slate" Fallacy. *Training and Development Journal*, v. 37, n. 8, p. 36-39, 1983.

NOETEL, M. *et al.* Mindfulness and Acceptance Approaches to Sporting Performance Enhancement: A Systematic Review. *International Review of Sport and Exercise Psychology*, v. 12, n. 1, p. 139-175, 2019.

OH, B. *et al.* Health and Well-Being Benefits of Spending Time in Forests: Systematic Review. *Environmental Health and Preventive Medicine*, v. 22, art. 71, 2017. Disponível em: <https://doi.org/10.1186/s12199-017-0677-9>.

REIO, T. G.; WISWELL, A. Field Investigation of The Relationship Among Adult Curiosity, Workplace Learning, and Job Performance. *Human Resource Development Quarterly*, v. 11, n. 1, p. 5-30, 2000.

SMERNOFF, E. *et al.* The Effects Of 'The Work' Meditation (Byron Katie) On Psychological Symptoms and Quality of Life: A Pilot Clinical Study. *Explore: The Journal of Science and Healing*, v. 11, n. 1, p. 24-31, 2015.

SUZUKI, S. *et al. Mente zen, mente de principiante.* São Paulo: Palas Athena, 1994.

UVNÄS-MOBERG, K., HANDLIN, L.; PETERSSON, M. Self-Soothing Behaviors with Particular Reference to Oxytocin Release Induced by Non-Noxious Sensory Stimulation. *Frontiers in Psychology*, 2014. Disponível em: <https://doi.org/10.3389/fpsyg.2014.01529>. Acesso em: 14 abr. 2020.

Capítulo 7

BARTON, D., GRANT, A.; HORN, M. Leading in the 21st Century. *McKinsey Quarterly*, 01 de jun. de 2012. Disponível em: <www.mckinsey.com/featured-insights/leadership/leading-in-the-21st-century>. Acesso em: 05 jan. 2020.

CHOWDHURY, M. R. What Is Mental Contrasting and How to Benefit from It? *Positive Psychology*, 04 de jul. de 2020. Disponível em:< https://positivepsychology.com/mental-contrasting/>. Acesso em: 05 jan. 2020.

CIALDINI, R. B. *As armas da persuasão:* como influenciar e não se deixar influenciar. Rio de Janeiro: Sextante, 2012.

CROSS, A.; SHEFFIELD, D. Mental Contrasting for Health Behaviour Change: A Systematic Review and Meta-Analysis of Effects and Moderator Variables. *Health Psychology Review*, v. 13, n. 2, p. 209-225, 2019.

GARCÍA, H. *Ikigai:* os segredos dos japoneses para uma vida longa e feliz. Rio de Janeiro: Intrínseca, 2018.

GRAHAM, P. Maker's Schedule, Manager's Schedule. *Paul Graham*, jul. 2009. Disponível em: <www.paulgraham.com/makersschedule.html>. Acesso em: 05 jan. 2020.

HENDRICKS, G. *The Big Leap:* Conquer Your Hidden Fear and Take Life to The Next Level. San Francisco: HarperOne, 2009.

KASHTAN, I.; KASHTAN, M. Key Assumptions and Intentions of NVC. *BayNVC*. [s.d.] Disponível em: <https://baynvc.org/key-assumptions-and-intentions-of-nvc/>. Acesso em: 29 dez. 2019.

LITVIN, R. Energy Audit. *Rich Litvin*. [s.d.] Disponível em: <https://richlitvin.com/wp-content/uploads/2018/08/Energy-Audit-Tool-bw.pdf>. Acesso em: 05 jan. 2020.

MORPHEW, C. C.; HARTLEY, M. Mission Statements: A Thematic Analysis of Rhetoric Across Institutional Type. *The Journal of Higher Education*, v. 77, n. 3, p. 456-471, 2006.

OETTINGEN, G. *Rethinking Positive Thinking:* Inside the New Science of Motivation. Nova York: Penguin, 2014.

OETTINGEN, G.; REININGER, K. M. The Power of Prospection: Mental Contrasting and Behavior Change. *Social and Personality Psychology Compass*,

v. 10, n. 11, p. 591-604, 2016.

PERLOW, L. A.; NOONAN HADLEY, C.; EUN, E. Stop the Meeting Madness. *Harvard Business Review*, jul.-ago. 2017. Disponível em: <https://hbr.org/2017/07/stop-the-meeting-madness>. Acesso em: 05 jan. 2020.

PETERSON, D. B. Reflection Calendar: Good to Great Coaching — Accelerating the Journey. In: HERNEZ-BROOME, G.; BOYCE, L. A. (Orgs.). *Advancing Executive Coaching:* Setting the Course for Successful Leadership Coaching. San Francisco: Jossey-Bass, 2010. p. 83-102.

ROSENBERG, M. *Comunicação não-violenta:* técnicas para aprimorar relacionamentos pessoais e profissionais. São Paulo: Ágora, 2006.

VOHS, K. D. *et al.* Problems with Positive Thinking and How to Overcome Them: The Role of Self-Regulation in Financial Well-Being. In: VOHS, K. D.; Baumeister, R. F. (Orgs.) *Handbook of Self-Regulation.* 3ª ed. Nova York: Guilford Publications, 2017.

WIEST, B. How to Get into the "Zone of Genius" And Unlock Your Highest Potential. *Forbes*, 26 de set. de 2018. Disponível em: <www.forbes.com/sites/briannawiest/2018/09/26/how-to-get-into-the-zone-of-genius-and-unlock--your-highest-potential/#7b2068d65672>. Acesso em: 07 fev. 2020.

Capítulo 8

ASKVIK, S. The Success Trap in Organizational Learning: Cognitive and Political Explanations. 2002. Disponível em: <https://warwick.ac.uk/fac/soc/wbs/conf/olkc/archive/oklc3/papers/id222.pdf>. Acesso em: 04 fev. 2020.

BARTON, D.; GRANT, A.; HORN, M. Leading in the 21st Century. *McKinsey Quarterly*, 01 de jun. de 2012. Disponível em: <www.mckinsey.com/featured-insights/leadership/leading-in-the-21st-century>. Acesso em: 05 jan. 2020.

BENNETT, N.; LEMOINE, G. J. What VUCA Really Means for You. *Harvard Business Review*, jan-fev. 2014. Disponível em: <https://hbr.org/2014/01/what-vuca-really-means-for-you>. Acesso em: 11 jan. 2020.

BOCHNER, S. Defining Intolerance of Ambiguity. *Psychological Record*, v. 15, n. 3, p. 393-400, 1965.

BROWN, P. Why Entrepreneurs Are the Most Risk-Averse People. *Inc*, 28 de maio de 2014. Disponível em: <www.inc.com/paul-brown/entrepreneurs-most-risk-averse-people-on-the-planet.html>. Acesso em: 04 fev. 2020.

CLIFFORD, C. Elon Musk on SpaceX: "I Always Thought We Would Fail". *CNBC*, 06 de mar. de 2019. Disponível em: <www.cnbc.com/2019/03/06/elon-musk-on-spacex-i-always-thought-we-would-fail.html>. Acesso em: 10 fev. 2020.

DOWLING, J. M.; YAP, C. F. *Happiness and Poverty in Developing Countries:* A Global Perspective. Basingstoke: Palgrave Macmillan, 2012.

FENTON, R.; WALTZ, A. *Go for no!* Yes is the Destination, No is How You Get There. Orlando: Courage Crafters Inc., 2010.

KAHNEMAN, D.; KNETSCH, J. L.; THALER, R. H. The Endowment Effect, Loss Aversion, and Status Quo Bias. *Journal of Economic Perspectives*, v. 5, n. 1, p. 193-206, 1991.

KIERKEGAARD, S. *O Conceito de Angústia:* uma simples reflexão psicológico-demonstrativa direcionada ao problema dogmático do pecado hereditário. Petrópolis: Editora Vozes, 2017.

RICHARDS, C. Overcoming an Aversion to Loss. *New York Times*, 09 de dez. 2013. Disponível em: <www.nytimes.com/2013/12/09/your-money/overcoming-an-aversion-to-loss.html>. Acesso em: 04 fev. 2020.

SARASVATHY, S. Entrepreneurship: (Not) Risky Business. *Darden School of Business (University of Virginia)*, 06 de mar. de 2014. Disponível em: <www.youtube.com/watch?v=3IJlHfw43mQ>. Acesso em: 10 jan. 2020.

SEN, A. *Desenvolvimento como liberdade.* Rio de Janeiro: Companhia de Bolso, 2010.

SHEDD, J. A. *Salt from My Attic.* Portland: The Mosher Press, 1928.

SINEK, S. *O jogo infinito.* Rio de Janeiro: Sextante, 2020.

TVERSKY, A.; KAHNEMAN, D. Loss Aversion in Riskless Choice: A Reference-Dependent Model. *The Quarterly Journal of Economics*, v. 106, n. 4, p. 1039-1061, 1991.

XU, H.; TRACEY, T. J. G. Career Decision Ambiguity Tolerance Scale: Construction and Initial Validations. *Journal of Vocational Behavior*, v. 88, p. 1-9, 2015.

Capítulo 9

CACCIOTTI, G.; HAYTON, J. C. Fear and Entrepreneurship: A Review and Research Agenda. *International Journal of Management Reviews*, v. 17, n. 2, p. 165-190, 2015.

DE MOL, E.; HO, V. T.; POLLACK, J. M. Predicting Entrepreneurial Burnout in A Moderated Mediated Model of Job Fit. *Journal of Small Business Management*, v. 56, n. 3, p. 392-411, 2018.

ERIKSON, T. Entrepreneurial Capital: The Emerging Venture's Most Important Asset and Competitive Advantage. *Journal of Business Venturing*, v. 17, n. 3, p. 275-290, 2002.

HENDRICKS, G. *The Big Leap:* Conquer Your Hidden Fear and Take Life to The Next Level. San Francisco: Harper One, 2009.

JARVIS, P. *Company of One:* Why Staying Small Is the Next Big Thing for Business. Londres: Penguin, 2019.

KERR, S. P.; KERR, W. R.; XU, T. Personality Traits of Entrepreneurs: A Review of Recent Literature. *NBER Working Paper*, n. 24097, 2017. Disponível em: <www.nber.org/papers/w24097>. Acesso em: 14 abr. 2020.

KOULOPOULOS, T. Up next: The Greatest Era of Entrepreneurship and Small Business the World Has Ever Seen. *Inc*, 03 de maio de 2015. Disponível em: <www.inc.com/thomas-koulopoulos/up-next-the-greatest-era-of-entrepreneurship-and-small-business-the-world-has-ev.html>. Acesso em: 12 jan. 2020.

MANSFIELD, M. Startup Statistics: The Numbers You Need to Know. *Small Business Trends*, 28 de mar. de 2019. Disponível em: <https://smallbiztrends.com/2019/03/startup-statistics-small-business.html>. Acesso em: 12 jan. 2020.

PRIESTLEY, D. *Entrepreneur Revolution:* How to Develop your Entrepreneurial Mindset and Start a Business That Works. Chichester: Capstone Publishing, 2013.

READ, S. *et al. Effectual Entrepreneurship*. Oxford: Routledge, 2016.

SCHUMPETER, J. *Capitalismo, socialismo e democracia*. São Paulo: Editora UNESP, 2017.

SHIREY, M R. Transferable Skills and Entrepreneurial Strategy. *Clinical Nurse Specialist*, v. 23, n. 3, p. 128-130, 2009.

SUÁREZ-ÁLVAREZ, J.; PEDROSA, I. The assessment of Entrepreneurial Personality: The Current Situation and Future Directions. *Papeles del Psicólogo*, v. 37, n. 1, p. 62-68, 2016.

VON STUMM, S. Better Open than Intellectual: The Benefits of Investment Personality Traits for Learning. *Personality & Social Psychology Bulletin*, v. 44, n. 4, p. 562-573, 2018.

XU, H.; TRACEY, T. J. G. Career Decision Ambiguity Tolerance Scale: Construction and Initial Validations. *Journal of Vocational Behavior*, 88, p. 1-9, 2015.

Capítulo 10

BARTON, D.; GRANT, A.; HORN, M. Leading in the 21st Century. *McKinsey Quarterly*, 01 de jun. de 2012. Disponível em: <www.mckinsey.com/featured-insights/leadership/leading-in-the-21st-century>. Acesso em: 05 jan. 2020.

BOWLBY, J. *A Secure Base:* Clinical Applications of Attachment Theory. Oxford: Routledge, 1988.

CARSE, J. P. *Jogos finitos e infinitos*: a vida como jogo e possibilidade. Rio de Janeiro: Nova Era, 2003.

DE HAAN, E. *Leadership Shadow:* How to Recognise and Avoid Derailment, Hubris and Overdrive. Londres: Kogan Page, 2014.

DELACH LEONARD, M. How a Clayton Manufacturer Shared Sacrifice to Avoid Layoffs During the Great Recession. *St Louis Public Radio*, 2014. Disponível em: <https://news.stlpublicradio.org/post/how-clayton-manufacturer-shared-sacrifice-avoid-layoffs-during-great-recession#stream/0>. Acesso em: 15 jan. 2020.

EDMONDSON, A. The Importance of Psychological Safety. *HR Magazine*, 04 de dez. de 2018. Disponível em: <www.hrmagazine.co.uk/article-details/the-importance-of-psychological-safety>. Acesso em: 15 jan. 2020.

______. *A Organização sem medo:* criando segurança psicológica no local de trabalho para aprendizado, inovação e crescimento. Rio de Janeiro: Alta Books, 2021.

ELUARD, P. *Les Yeux Fertiles:* Suite. Paris: Cercle d'art, 2005.

ETZIONI, A. Behavioural economics: Next Steps. *Journal of Consumer Policy*, v.

34, p. 277-287, 2011.

HERBERT, W. Arranging for serenity: How Physical Space and Emotion Intersect. *Scientific American Mind*, v. 19, n. 4, p. 80-81, 2008.

HERWAY, J. How to Create a Culture of Psychological Safety. *Gallup Workplace*, 2019. Disponível em: <www.gallup.com/workplace/236198/create-culture-psychological-safety.aspx>. Acesso em: 17 jan. 2020.

IBM. Capitalizing on Complexity: Insights from the Global Chief Executive Officer Study. *IBM*, 2010. Disponível em: <www.ibm.com/downloads/cas/1VZV5X8J>. Acesso em: 04 jan. 2020.

MITCHELL, P. *The 10 laws of Career Reinvention:* Essential Survival Skills for Any Economy. Upper Saddle River: Prentice Hall Press, 2011.

NICKERSON, R. S. Confirmation Bias: A Ubiquitous Phenomenon in Many Guises. *Review of General Psychology*, v. 2, n. 2, p. 175-220, 1998.

ORIGIN AND MEANING OF PRODUCTIVITY. *Online Etymology Dictionary.* [s.d.] Disponível em: <www.etymonline.com/word/productivity>. Acesso em: 04 fev. 2020.

RANTANEN, J. *et al.* Introducing Theoretical Approaches to Work-Life Balance and Testing a New Typology Among Professionals. In: KAISER, S.; RINGLSTETTER, M.; EIKHOF, D.; PINA E CUNHA, M. *Creating Balance?* International Perspectives on the Work-Life Integration of Professionals. Berlin: Springer Heidelberg, 2011. P. 27-46.

ROZOVSKY, J. The Five Keys to a Successful Google Team. *re:work*, 17 de nov. de 2015. Disponível em: <https://rework.withgoogle.com/blog/five-keys-to-a-successful-google-team/>. Acesso em: 05 fev. 2020.

SHERMAN, S.; FREAS, A. The Wild West of Executive Coaching. *Harvard Business Review*, 2004. Disponível em: <https://hbr.org/2004/11/the-wild-west-of-executive-coaching>. Acesso em: 15 jan. 2020.

SINEK, S. Why Good Leaders Make you Feel Safe. *TED Talk*, 2014. Disponível em: <www.ted.com/talks/simon_sinek_why_good_leaders_make_you_feel_safe/transcript?language=en>. Acesso em: 17 jan. 2020.

_______. *O jogo infinito.* Rio de Janeiro: Sextante, 2020.

STURROCK, J. Cultural Issues Related to Allegations of Bullying and Harassment in NHS Highland: Independent review report. *Scottish Government*, 2018.

Disponível em: <www.gov.scot/publications/report-cultural-issues-related-allegations-bullying-harassment-nhs-highland/pages/45/>. Acesso em: 15 jan. 2020.

VAN ROMPAY, T. J.; JOL, T. Wild and Free: Unpredictability and Spaciousness as Predictors of Creative Performance. *Journal of Environmental Psychology*, v. 48, p. 140-148, 2016.

WHYTE, D. *The Heart Aroused:* Poetry and The Preservation of The Soul in Corporate America. Nova York: Currency Doubleday, 1994.

WHYTE, D. *The Three Marriages:* Reimagining Work, Self and Relationship. Hull: Riverhead Books, 2009.

ZANTAL-WIENER, A. A Brief History of Productivity: How Getting Stuff Done Became an Industry. *Hubspot*, 2017. Disponível em: <https://blog.hubspot.com/marketing/a-brief-history-of-productivity>. Acesso em: 17 jan. 2020.

ZETLIN, M. Got a To-Do List? Great! A Not-To-Do List is Even More Important. *Inc*, 2020. Disponível em: <www.inc.com/minda-zetlin/got-a-to-do-list-great-a-not-to-do-list-is-even-more-important.html>. Acesso em: 17 jan. 2020.

Agradecimentos

Gostaria de agradecer àqueles que tornaram o livro possível, incluindo pessoas que apoiaram o início da minha carreira, especialmente o professor sir Michael Marmot e a professora Virginia Murray; meu coach Rich Litvin por suas ideias e sabedoria; minha editora, Rebecca Bush, e Danny Kalman, que sugeriram a Kogan Page; a todos os clientes que concordaram em compartilhar suas experiências e enriqueceram minha compreensão para este livro; e aos amigos e familiares que me ouviram com bondade, particularmente meus pais e Edwina Moreton. Também sou grata pelos ensinamentos generosos de inúmeros sábios ao longo dos tempos, tanto no Oriente quanto no Ocidente, cuja sabedoria infunde este livro.